Marion Dönhoff

rowohlts monographien
begründet von Kurt Kusenberg
herausgegeben von Wolfgang Müller
und Uwe Naumann

Marion Dönhoff

Dargestellt von Haug von Kuenheim

Rowohlt Taschenbuch Verlag

Umschlagvorderseite: Marion Dönhoff, 1987
Umschlagrückseite: Marion Dönhoff auf ihrem Fuchs Alarich
Marion Dönhoff mit Haug von Kuenheim,
Gerd Bucerius und Theo Sommer (v. li.) im Juli 1981
Seite 3: Marion Dönhoff, 1965
Seite 7: Marion Dönhoff in den neunziger Jahren

Originalausgabe
Veröffentlicht im Rowohlt Taschenbuch Verlag GmbH,
Reinbek bei Hamburg, Oktober 1999
Copyright © 1999 by Rowohlt Taschenbuch Verlag GmbH,
Reinbek bei Hamburg
Alle Rechte an dieser Ausgabe vorbehalten
Umschlaggestaltung Ivar Bläsi
Redaktionsassistenz Karolin Marhencke
Reihentypographie Daniel Sauthoff
Layout Christine Lohmann
Satz PE Proforma *und* Foundry Sans *PostScript,*
QuarkXPress 4.0
Gesamtherstellung Clausen & Bosse, Leck
Printed in Germany
ISBN *3 499 50625 4*

INHALT

Vorwort	7
Eingebettet in Traditionen Kindheit und Jugend	8
Die verlorenen Freunde Der 20. Juli	26
Der Ritt gen Westen Die Flucht aus Ostpreußen	38
Das zweite Leben Die «Zeit»-Journalistin	43
Maßstäbe setzen Die «Zeit»-Chefin	62
Politisch prägen Die Leitartiklerin	75
Aussöhnen und Verzichten Die Fürsprecherin des Ostens	94
Ferne Länder, nahe Freunde Die Reisende	110
Weil das Land sich ändern muß Die Preußin	127
Anmerkungen	137
Zeittafel	142
Zeugnisse	143
Bibliographie	146
Namenregister	147
Über den Autor	151
Quellennachweis der Abbildungen	152

Vorwort

Marion Dönhoff liebt öffentliche Auftritte nicht. In Talk-Shows oder in Fernsehrunden wird man sie vergeblich suchen. Sie verabscheut auch den Blick ins Private. Ihr Leben kreist um «Die Zeit», jene Zeitung, die sie zu einer publizistischen Institution gemacht hat; und es wird bestimmt von einer Vielzahl von Aktivitäten, durch die Marion Dönhoff zu einer unvergleichlichen Person im öffentlichen Leben unseres Landes wurde.

Sie lebt in einem kleinen Haus, das in dem Hamburger Stadtteil Blankenese liegt. Hier, inmitten ihrer Bücher, arbeitet sie und empfängt ihre Freunde. Ein zwanzigminütiger Fußmarsch führt an das Ufer der Elbe; zehn Minuten Autofahrt in eine Landschaft mit Wiesen und Gehölzen, die von ferne an Ostpreußen erinnert – den Landstrich, der für Marion Dönhoff immer Heimat bleiben wird.

Wir achten ihren Wunsch, das Private privat zu lassen, und zeigen sie, wie sie sich durch ihre Arbeiten und ihr Wirken darstellt.

Eingebettet in Traditionen

Kindheit und Jugend

Ihre Kindheitserinnerungen beginnt Marion Dönhoff mit dem überraschenden Bekenntnis, vom Ancien régime sei sie gerade einmal zwei Händedrücke entfernt. Es ist ein Spiel aus Kindheitstagen und lautet: «Wieviel Händedrücke bist du entfernt von ...?» Dann nennt man den Namen irgendeines berühmten Menschen, der vor langer Zeit gelebt hat. Marion schlägt mit Leichtigkeit alle Mitspieler aus dem Feld, denn das Geburtsjahr ihres Vaters ist 1845, das des Großvaters 1797. Die Brüder Humboldt, Schadow, Rauch und Goethe waren die Zeitgenossen des Großvaters, der diese nicht nur kannte, sondern mit ihnen auch regelmäßigen Umgang pflegte.

Drei Handschläge entfernt von den Größen des 19. Jahrhunderts. 200 Jahre in drei Generationen. *Vielleicht ist mir erst durch dieses Spiel, das die eigene Geschichte so augenfällig deutlich macht, bewußt geworden, wie weit zurück meine eigene, mich bestimmende Vergangenheit reicht. Übrigens nicht nur in schlichter Distanz, sondern auch hinsichtlich der soziologischen und kulturellen Urschichten, bis zu denen sie zurückreicht. Die Ausläufer des Ancien régime berührten gerade noch die Schwelle meiner Kinderstube, denn im Grunde war Deutschland bis zum Ende des Ersten Weltkrieges – damals war ich noch nicht zehn Jahre alt – eine halb feudale Gesellschaft.*[1] So schreibt Marion Dönhoff 1988 in ihrem Buch *Kindheit in Ostpreußen*, das schnell zu einem Bestseller wird.

Wie viele andere Rittergeschlechter von Thüringen bis zum Elsaß verlassen auch die Dönhoffs im Mittelalter ihren angestammten Sitz, um gen Osten zu ziehen, denn es gilt die Pruzzen zum Christentum zu zwingen. Ritter Hermanus Dönhoff schließt sich dem Schwertritterorden an, zieht vom Dunehof in Westfalen an der Ruhr über Preußen hinaus nach Livland und wird hier zum Stammvater eines neuen Zweigs der Familie. Der westfälische stirbt im Laufe der Jahre aus. Achtzehn Generationen Dönhoffs wird es nun im Osten geben, bis zum Einmarsch der Roten Armee in Ostpreußen.

In Livland teilt sich die Familie in einen preußischen und einen polnischen Zweig. Da in diesem Zipfel Nordosteuropas die Oberhoheit ständig wechselt, mal hat die Kirche, mal der Orden, dann wieder haben die Schweden, Russen, Preußen oder Polen das Sagen, war es für die großen Familien relativ belanglos, wem sie gerade dienten. So fällt es den Dönhoffs nicht schwer, ihre Rolle in Polen zu spielen, als Starost, als Woiwode, als Admiral, wenn auch ohne Flotte, als Höfling und als Kardinal im Vatikan.

Porträts der Kasimirs, Bolesławs, Stanisławs schmücken Schloß Friedrichstein, das Vaterhaus von Marion Dönhoff. Die polnische Linie stirbt schließlich 1791 aus. Die preußische dominiert dagegen im 18. und 19. Jahrhundert, was zweifellos symbolisch ist für die politische Situation und die Machtverhältnisse der damaligen Zeit.

Friedrich Dönhoff heißt der Begründer der preußischen Linie. Er steigt langsam, preußisch systematisch auf, wird Rittmeister, Oberst, schließlich Regimentschef. Mit dem Großen Kurfürsten verbindet ihn ein enges Vertrauensverhältnis. Dessen Nachfolger, der als Friedrich I. 1701 in Königsberg zum ersten preußischen König gekrönt wird, macht ihn zum Oberkämmerer, dem damals höchsten Amt am Hofe. Sein Sohn Otto Magnus baut das Schloß Friedrichstein, das zu den drei architektonisch bedeutendsten Schlössern in Ostpreußen gehört. Der Entwurf stammt vom Erbauer des Zeughauses in Berlin, Jean de Bodt, einem französischen Architekten. In seinem Buch «Ostpreußische Herrenhäuser» nennt Carl E. L. von Lorck Friedrichstein «das Meisterwerk Jean de Bodts, der damit einen neuen und selbständigen Schloßtyp schafft».

Marion Dönhoff wächst in Friedrichstein auf. Sie ist das jüngste von sieben Kindern. Heinrich, der älteste, Jahrgang 1899, macht noch als Siebzehnjähriger freiwillig einen Teil des Ersten Weltkrieges mit. Die Dönhoffs führen ein großes Haus. Sämtliche preußischen Könige, bis auf den Alten Fritz, sind in Friedrichstein abgestiegen.

Die Mutter ist Palastdame der Kaiserin und wird morgens von den Bediensteten «Untertänigst, guten Morgen, Exzellenz» angeredet, während Dorfbewohner, zu denen ein vertrautes Verhältnis besteht, «Exzellenzchen» sagen, weil Ostpreußen an alles, was sie gern haben, ein Diminutiv anhängen: mein Liebchen.

Den Vater hat Marion Dönhoff kaum gekannt. Er stirbt mit 75 Jahren, als sie noch nicht zehn ist. Graf August dient in seinen jungen Jahren im diplomatischen Dienst, ist erbliches Mitglied des Preußischen Herrenhauses, ein kenntnisreicher Sammler von Kunstgegenständen, der viel auf Reisen ist. Die Verwaltung der ausgedehnten Ländereien liegt in der Hand von Inspektoren, die Landwirtschaft gelernt haben.

Der Vater August Graf Dönhoff

Auf ihren Großvater August Heinrich ist Marion Dönhoff besonders stolz. Als junger Mann tritt dieser in den diplomatischen Dienst, seine ersten Posten sind Paris und Madrid, dann London. Er hat dort die fortschrittliche Idee, den allgemeinen Frieden durch «Herabsetzung der Rüstung» zu erreichen. Schließlich geht er als Gesandter Preußens nach Frankfurt am

Main, zum Deutschen Bundestag, dem ständigen Organ des Deutschen Bundes.

Die Einheit Deutschlands wird seine Herzenssache, aber Österreich, so lautet die Ordre aus Berlin, darf auf keinen Fall verprellt werden. Den Ausbau des Eisenbahnnetzes – aus strategischen Gründen – hält er für geboten und versucht, ein tolerantes Pressegesetz durchzusetzen.

In den Märztagen von 1848 geht er weit über seine Kompetenz hinaus – er hat den Vorsitz im Bundestag – und entschließt sich, ohne Instruktionen aus Berlin, den Reichsadler als Bundeswappen und die Farben Schwarz-Rot-Gold als Bundesfahne durchzusetzen. Schließlich steht sein Name unter dem Beschluß, «daß es eine heilige Pflicht des deutschen Volkes sei, mit allen Kräften die Wiederherstellung des Polenreiches zu bewirken, um das durch die Teilung bewirkte Unrecht wiedergutzumachen». Am 21. September wird er preußischer Außenminister, aber schon ein paar Wochen später erklärt er seinen Rücktritt. Ihm schwebt ein deutsches Reich vor, das ein potenziertes Preußen hätte sein sollen. Der Ultrakonservativismus, der sich nach 1848 breitmacht, ist seine Sache nicht.

Urgroßvater: August Friedrich Philipp Dönhoff, geboren 1763 in Friedrichstein, gestorben 1838
Großvater: August Heinrich Hermann Dönhoff, geboren 1797 in Friedrichstein, gestorben 1874 in Friedrichstein
Vater: August Dönhoff, geboren 1845 in Frankfurt am Main, gestorben 1919 in Friedrichstein

Er zieht sich zurück nach Friedrichstein. Die Fahrt von Berlin nach Königsberg dauert mit der Eisenbahn immer noch 26 Stunden, ist aber ein gewaltiger Fortschritt, denn in seiner Jugend brauchte die Pferdekutsche noch gute acht Tage und acht Nächte. Seine Enkelin schafft den Flug von Berlin nach Königsberg in einer Stunde.

August Heinrich erreicht durch äußerste Sparsamkeit, daß Friedrichstein schuldenfrei wird. Die Befreiungskriege hatten die Besitze in Ostpreußen viel Geld gekostet. Er haßt den Ehrgeiz all der Leute, die zu Vermögen kommen wollen, verabscheut die Industrialisierung der Edelleute und trauert dem geistigen Preußen nach, in dem noch ein Humboldt den Ton angab. Er ärgert sich über seinen Neffen Lehndorff: «Wohin soll es führen, wenn ein Rittmeister bereits vierspännig fährt.» Seine Enkelin nennt ihn den *letzten Preußen* und ruft ganz im Sinne ihres Großvaters einen Kollegen zur Ordnung, der für sie eine Besorgung erledigt und dem sie darauf eine Notiz schreibt: *[...] Sie sind wirklich ein Verschwender. Ich hätte das für DM 80,– gekauft. Schlimm, schlimm. Marion.*[2]

Otto von Hentig, Diplomat, ein Freund des Hauses, schildert in seinen Jugenderinnerungen einen Besuch in Friedrichstein: «Es war wohl im Sommer 1902, als wir das damals noch in größtem Stil geführte Schloß besuchten. In Königsberg holte uns ein Rappen-Viererzug ab und ein ihn begleitender Gepäckwagen. Die Eltern bekamen wieder die Königsstuben, also die Räume, die für die preußischen Könige bestimmt waren, wenn sie Ostpreußen besuchten. [...] Unmittelbar nachdem Graf August die Morgenandacht mit etwa zwanzig zum Teil sehr anziehenden jungen, sämtlich rosa uniformierten Hausmädchen sowie dem ersten, zweiten und dritten Diener abgehalten hatte, kam auf einer riesigen Silberplatte das exzellente Frühstück.

Schloß Friedrichstein, 20 Kilometer östlich von Königsberg (heute Kaliningrad)

Jeden Abend dann Diners in großer Toilette mit Gästen aus der Umgebung und aus Königsberg, außer den ständigen Besuchern aus Diplomatie, Hoch- und Geistesadel.»[3]

Marion Dönhoff erlebt einiges davon als Kind noch mit: *Den Viererzug etwa oder die Morgenandacht, nur daß diese zu meiner Zeit von meiner Mutter und nicht mehr vom Vater gehalten wurde. Es gab auch noch den ersten Diener mit Namen Kadow, sehr würdig im schwarzen Anzug oder Frack, die beiden nachgeordneten in hellen, gestreiften Leinenjacken oder, zu feierlichen Gelegenheiten, in schwarzen Escarpins mit roten Kniestrümpfen und Schuhen, die mit Silberschnallen ausgestattet waren, sowie einem frackähnlichen Gegenstand als Jacke. Die sechs Stubenmädchen, die es in meiner Kindheit noch gab, trugen in der Tat einheitliche rosa-weiß gestreifte Kleider; die drei Küchenmädchen waren von dieser Livrierungs-Lust ausgeschlossen.*[4]

Hier, zu Hause in Friedrichstein, wird die junge Komtesse eingeweiht in die Strukturen einer privilegierten Gesellschaft, hier schließlich wird sie vertraut mit der Praxis sozialer Verantwortung, meint der Schriftsteller Siegfried Lenz, ihr Landsmann, als er anläßlich einer Preisverleihung die Laudatio auf

Die letzte deutsche Kaiserin Auguste Viktoria (links) zu Besuch bei ihrer Palastdame Ria Gräfin Dönhoff

sie hält.[5] Aus den Schilderungen ihrer Kindheit spricht ein großer Respekt vor den Menschen, die in der hierarchischen Gesellschaft Friedrichsteins weit unten standen. Sie beschreibt diese erwachsenen Gefährten ihrer Kindheit und Jugend vom Kinderfräulein bis zum Diener und Kutscher mit viel Liebe. Von ihnen lernt sie, wie man Pferde mit der Kartätsche korrekt striegelt oder einen verstopften Vergaser auseinandernimmt und wieder zusammensetzt. Sie lernt Pflichten zu übernehmen und anzupacken, wo Not am Mann ist, beides geht ihr in Fleisch und Blut über.

Im Grunde waren es weniger die Eltern und Erzieher – Gouvernanten und Hauslehrer – die uns prägten als das Hinein-gewoben-Sein in eine vom Praktischen bestimmte Gemeinschaft. Alle waren sie Lehrmeister, unerbittlich strenge Lehrmeister: Bis ins Mark drang der Schrecken, wenn Ludolf, der Oberkutscher, seine Feldwebelstimme erhob, weil irgendeine Arbeit, die man im Stall übernommen hatte, schlecht oder nur halb ausgeführt worden war; [...] Nur eines nahm uns niemand ab, Verantwortung da, wo wir mit von der Partie waren, schreibt Marion Dönhoff.[6] Entsteht Schaden, sind es nicht die Spielgefährten aus dem Dorf, denen die Ohren lang-

Die vier ältesten Dönhoff-Kinder (Mitte) mit den Hausangestellten auf Schloß Friedrichstein, 1909

gezogen werden, sondern es sind die Kinder aus dem Schloß, die dafür geradestehen müssen. Diese fügen sich, klaglos, weil es sich so gehört. Marion Dönhoff wird ihr Leben lang die Moral dieser Lehrstunden aus den Kindertagen in Friedrichstein nicht vergessen: sich verantwortlich fühlen für andere und für die Gemeinschaft, in die man eingebettet ist.

Die kleine Komtesse Marion

Sicher neigt man dazu, die Kindheit zu idealisieren, schreibt Marion Dönhoff, *und es ist nicht leicht, sich darüber klar zu werden, warum sie denn [...] so einzigartig gewesen ist. Bei mir hat das Leben in der Gemeinschaft mit den Geschwistern viel dazu beigetragen. Ein so enger Zusammenhalt ist gewiß selten. Unser Ideal – im Scherz formuliert, aber doch irgendwie auch ernst gemeint – lautete: Wenn wir mal alt sind, stoßen wir die Angeheirateten ab und ziehen alle wieder zusammen.*[7]

Die Komtesse wird, wie ihre Geschwister, von Hauslehrern unterrichtet, eine Zeitlang auch im nahen Königsberg, wo für die schulpflichtigen Dönhoffs eine Wohnung gemietet wird. Doch der Unterricht hinterläßt bei Marion Dönhoff keine nachhaltigen Spuren, wie ihre Biographin Alice Schwarzer wohl zu Recht bemerkt. Sie «wird in den entscheidenden frühen Jahren mehr vom Leben geprägt als von Lehrern. Ihr Leben lang wird sie auch das für Autodidakten so typische Grundmuster beibehalten: diese ewige Unruhe, zuwenig zu wissen; diesen unstillbaren Hunger, dazuzulernen; diese unverformte Frische des Zugriffs im Denken wie Schreiben.»[8] Sie liest viel. Mit fünfzehn Jahren verschlingt sie, was sie in den Bücherschränken der Erwachsenen findet: Thomas Mann, Rilke, Knut Hamsun, Leonhard Frank, und immer wieder Dostojewski und Tolstoi.

Streckenweise wird Marion Dönhoff mit ihrem etwa gleichaltrigen Vetter Heinrich Lehndorff und seiner Schwester Sissi unterrichtet. Sissi wird später ihren Bruder Dietrich heiraten. Die drei bilden ein unzertrennliches Kleeblatt. Zwei Jahre lang werden sie abwechselnd winters in Friedrichstein und sommers in Preyl unterrichtet. Preyl, wenige Kilometer nördlich von Königsberg gelegen, ist ein Pferdeparadies. Vater Manfred Lehndorff ist ein begnadeter Reiter, der zu den großen Dressurreitern Deutschlands gehört. Vetter Heinrich und seine Schwester werden zu Marion Dönhoffs besten Freunden. Sie galoppieren über die Sandwege und weiten Wiesen, sie erleben Abenteuer; die unbändige Lebensfreude der jungen Lehndorffs wirkt ansteckend.

Keineswegs für Zeitverschwendung [...] hielten wir es – Heini Lehndorff, seine Schwester und ich –, täglich viele Stunden auf den Pferden zu verbringen. Kein Weg und kein Pfad im kilometerweiten Umkreis, den wir nicht kannten. Kein Stoppelacker im Herbst, kein sandiger Weg, der uns nicht als Rennstrecke diente. Noch ist mir der Ton der sich dehnenden Gurte und das Knirschen des Sattelzeugs im Ohr, spüre ich das Sausen des Windes und das Scheuern der Fingerrücken am nassen, schweißduftenden Pferdehals. Nie schien die Freiheit größer und das Glück gegenwärtiger.[9]

Die drei bleiben eng verbunden, und sie verbindet vieles: die Herkunft, die Liebe zur Natur und zu den Pferden und später, als Erwachsene, die Verantwortung für den Besitz und seine Leute, schließlich der Widerstand gegen Hitler. Heini, wie ihr Vetter genannt wird, bezahlt nach dem 20. Juli seine Haltung mit dem Leben. Fünfunddreißig Jahre ist er alt, als er im

1926

Marion mit ihren Brüdern Christoph und Heini in Friedrichstein, 1936

September 1944 in Plötzensee am Galgen endet. Das Kapitel über ihn gehört in Marion Dönhoffs Buch, das den Freunden des 20. Juli gewidmet ist, zu den ergreifendsten.[10] Ein Foto von ihm steht auf ihrem Schreibtisch in Hamburg-Blankenese.

Die unbeschwerte Zeit mit den Lehndorffs nimmt ein abruptes Ende, als ihr Vetter auf ein Internat geschickt wird und ihre Cousine auf ein Pensionat für höhere Töchter in der französischen Schweiz. Aber vorher geschieht noch ein furchtbares Unglück, das in Marion Dönhoffs eigenen Worten eine *erschreckende Zäsur in meinem bis dahin unbekümmerten Dasein* darstellt.[11] Mit zwei Autos bricht die Dönhoff-Clique, Bruder, Cousine und Freunde, an die Ostsee nach Cranz auf. Es ist ein schöner Septembertag, und es dunkelt schon, als sie sich auf die Rückfahrt nach Friedrichstein machen. In Königsberg geht ein Gewitter nieder. Regen behindert die Sicht. Die Kinder ringen und albern im Wagen, als plötzlich der Fahrer aufschreit, der Wagen stürzt, nein, in keine Baugrube, wie Marion Dönhoff im ersten Schrecken denkt, sondern in den Pregel, den Fluß, an dem Königsberg liegt.

Es ist unglaublich, wie blitzschnell die Gedanken in Todesangst sich überstürzen. Ich mußte denken, wie dumm die Leute sind, die sagen, Ertrinken sei ein rascher Tod. Mein Gott, wie lang es dauert. […] Da plötzlich durchzuckte es mich wie ein letzter Blitz: Da war doch ein Spalt zwischen der Karosserie und dem Verdeck (der Wagen war kein geschlossenes Auto, er hatte ein Segeltuch-Verdeck). Ich tastete, suchte, schob mich durch und wurde nach oben gerissen. Es verging eine Ewigkeit. Endlich oben, sah ich die Scheinwerfer eines Autos, das an den Kai geschoben worden war, und hörte meinen Namen rufen. Ohne diesen Anruf meines Bruders wäre ich sofort wieder untergegangen, denn alle Kraft war verbraucht, nur Schwindel beherrschte mich. Nun aber riß ich mich zusammen und paddelte wie ein Hund zur Kaimauer, an der lange Mäntel heruntergelassen wurden. Ein letzter äußerster Kraftaufwand war erforderlich, um sich an dem Mantel festzuklammern. Ich war die letzte, die lebend herauskam – nach etwa fünf Minuten, wie mein Bruder meinte.[12]

Zwei Kinder schaffen es nicht, sich aus dem Auto zu befreien: Franz Coudenhove und Marion Dönhoffs Cousine Huberta Kanitz. Stunden später werden sie geborgen. Am nächsten Morgen stehen im Gartensaal des Schlosses zwei Särge. Die Eltern fürchten, die kleine Marion habe einen Schock fürs Leben erlitten, und verfrachten sie Hals über Kopf in ein Mädchenpensionat in Berlin. Hier ist alles vorgeschrieben und nichts erlaubt.[13] Der Unterricht ist eine Qual, Marions Noten sind dementsprechend. Das Mädchen rebelliert, nach zwei Jahren endlich wird es erlöst und kommt nach Potsdam. Dort ist es wieder ein freier Mensch, wohnt bei einer den Dönhoffs bekannten Familie, besucht eine reine Jungenklasse und besteht schließlich locker 1928 das Abitur. Eines allerdings lernt Marion Dönhoff nicht mehr: Schwimmen.

Abiturklasse in Potsdam, 1928. In der vorderen Reihe das einzige Mädchen: Marion Dönhoff

Bevor Marion Dönhoff studieren darf, besucht sie, wie es Brauch ist für höhere Töchter, eine Haushaltsschule in der Schweiz. Hier im Engadin genießt sie mehr die Berge als das Kochen, Stricken und Nähen. Dieses Jahr endet mit einer ausgedehnten Fahrt durch die USA, der ersten von unzähligen Reisen, die Marion Dönhoff im Laufe ihres langen Lebens durch die Welt unternimmt – kaum ein Land auf der Erde, das sie nicht gesehen hat. Sie reist gern, zumal die Dönhoffs fast überall Bekannte, Freunde oder Verwandte haben, also findet sie immer irgendwo Unterschlupf.

Nach der Amerika-Tour besucht sie ihren älteren Bruder Christoph in Ostafrika, wo er als einziger Weißer in einem Reservat der Massai lebt und den Schwarzen beibringt, wie sie ihre umfangreichen Viehherden rationaler nutzen können.[14]

Hier in Kenia erlegt sie auch ihren ersten und einzigen Leoparden. Afrika wird ihre große Liebe, dorthin kommt sie immer wieder zurück.

Mit 21 Jahren beginnt Marion Dönhoff ihr Studium in Frankfurt am Main. Sie wohnt bei Metzlers, den Inhabern des gleichnamigen Bankhauses, und studiert Volkswirtschaft. Nach Studium und Promotion 1935 ruft die Pflicht sie zurück nach Ostpreußen. Sie muß sich in die komplizierte Verwaltung des Dönhoffschen Besitzes einarbeiten, denn den Brüdern ist klar, daß sie alle in den Krieg ziehen müssen, den Hitler entfesseln wird.

Und so geschieht es. Ihr ältester Bruder Heini wird 1939 eingezogen, er fällt 1942. Sie übersiedelt 1938 in das 120 Kilometer südlicher gelegene Quittainen, eine Dönhoffsche Familienstiftung. Sie wohnt im Rentamt und bewirtschaftet von hier aus die Familiengüter.

Viele Güter in Ostpreußen blieben über Jahrhunderte in ihrer Größe nur deshalb unversehrt erhalten, weil der jeweils älteste Sohn erbte und die Nachgeborenen keine Erbansprüche stellten. Gesichert wurde diese traditionelle Regelung durch die Institution der Fideikommisse. Der Erbe konnte über seinen Besitz nicht frei verfügen, er war gleichsam nur Treuhänder. Dies galt auch für Friedrichstein. In der Stiftungsurkunde verfügte Marion Dönhoffs Großvater 1859 überdies: «Ganz besonders mache ich meinen Fidei-Commiß-Nachfolgern aber auch zur Pflicht, stets eingedenk zu bleiben, daß, da sie der Sorge für Lebensunterhalt überhoben sind, es vorzugsweise ihnen obliegt, wenn sie sonst dazu geeignet sind, höhere Interessen und namentlich die der öffentlichen Angelegenheiten des Landes zu vertreten.» [15]

In ihrem Buch *Kindheit in Ostpreußen* reflektiert Marion Dönhoff diese Regelung: *Keiner von uns hätte jene Regelung, die die Nachgeborenen bewußt und vorsätzlich benachteiligt, je beanstandet oder auch nur in Gedanken beklagt. Man war stolz, daß man einen so schönen Besitz zur Heimat hatte, und man wußte, daß er nicht erhalten werden konnte, wenn es Realerbteilung geben würde. [...] Jenes System, bei dem der Privilegierte das Privileg durch eine gewisse*

Selbstlosigkeit zu kompensieren gehalten war, erzeugte im allgemeinen eine Haltung, die weg vom Ego auf das Ganze ausgerichtet war. Eine Neigung, die verstärkt wurde durch das Bewußtsein, in eine fest umrissene Gesellschaft eingebunden zu sein. Egoistische, labile Naturen freilich mögen durch die Versuchung des Paternalismus dazu verführt worden sein, ihre Stellung auszunutzen und ihre Privilegien zu mißbrauchen. Aber ein System, das gegen Mißbrauch gefeit ist, ist noch nicht erfunden. Wo Menschen schalten und walten, da geht es eben «menschlich» zu.[16]

Wenn ich heute darüber nachdenke, erscheint mir das Verhältnis, das ich zu Friedrichstein hatte, als eine schwer zu definierende «Mischung» von grenzenloser Liebe und seltsam abstrakter Besitzerfreude. Ein bißchen so, wie man heute die bedrohte Natur liebt: man möchte sie behüten, für sie sorgen, fühlt sich auch verantwortlich, aber nicht als individueller Besitzer, sondern in einem höheren Sinne.[17]

Schloß Quittainen

Die Verantwortung für den Besitz nimmt Marion Dönhoff gefangen. Bis zum Beginn des Krieges bewirtschaftet sie die Familienstiftung Quittainen, danach, als ihr Bruder Heini eingezogen wird, nimmt sie auch Friedrichstein in ihre Obhut. Quittainen, heute im polnischen Teil Ostpreußens gelegen, während Friedrichstein im russischen Teil liegt, ist rund 4000 Hektar groß, wovon die Hälfte Mischwald ist. Ihrem Bruder Heini schickt sie detaillierte Berichte von ihrer Arbeit nach Friedrichstein, und zusammen bauen beide den gesamten Besitz zu einem modernen und effizienten landwirtschaftlichen Betrieb aus. *Ich machte Produktions- und Aufwandsstatistiken, und an arbeitssparenden Maschinen gab es alles, was die moderne Technik damals zu bieten hatte: Mähdrescher, Traktoren, Raupen, sogar pneumatische Gebläse auf dem Speicher.*[18]

Die Menschen auf den Höfen in Ostpreußen versorgten sich bis weit in den Krieg hinein selbst. Acker, Wald und Seen gaben, was sie zum Leben brauchten. Marion Dönhoff beschreibt, wie fragwürdig ihr anfangs die Umstellung von der Selbstversorgung zur Marktwirtschaft erschien. Es beginnt damit, daß ihr Bruder anregt, Hühner samt Hühnerfrau abzuschaffen. Es sei doch billiger, Eier zu kaufen, meint er. *Man konnte voraussehen, daß der Garten eines Tages der gleichen Argumentation zum Opfer fallen würde, und so erhob sich allgemeines Wehgeschrei ob der hereinbrechenden Veränderung. Sicher war das eine richtige Maßnahme, aber es war auch ein Stück Abschied von der alten Welt.*[19]

Abschied von der alten Welt. Diese Melodie zieht sich durch

Sissi Lehndorff, die Cousine von Marion Dönhoff

viele Texte, die Marion Dönhoff im Laufe der Jahre immer wieder über die Menschen und das Leben in Ostpreußen geschrieben hat. Besonders stark ist dies in ihrem vielleicht schönsten Bericht zu spüren, den sie für ihren Bruder Dietrich verfaßt hat und in dem sie einen Fünf-Tage-Ritt durch Masuren schildert, den sie im Herbst 1941 mit ihrer Cousine Sissi Lehndorff unternimmt.[20] Als ob sie ahnt, daß dieser Ritt ein letzter sein wird und sie die Schönheit der ostpreußischen Landschaft mit ihren Farben, Gerüchen und Erinnerungen nie mehr erleben wird.

Es ist ein beseligendes Gefühl, so durch das herbstliche Land zu reiten, ganz leicht und beschwingt fühlt man sich, fern von aller heimatlichen Begrenzung und den Sorgen des Alltags. Unendlich fern ist sogar die Sorge um das, was kommen wird, die einen doch sonst auf Tritt und Schritt begleitet. Jetzt sind Sonne und Wind, der Hufschlag des Pferdes auf den sandigen Waldwegen und der Geruch von fallendem Laub und Kartoffelkraut unsere Welt und wir ein Teil derselben.[21]

Der Bericht wurde zum erstenmal 1962 veröffentlicht und hat seitdem zahlreiche Auflagen erlebt. Ganze Scharen von Heimwehtouristen suchen die Orte auf, die die beiden Reiterinnen auf ihrem Weg von Allenstein nach Steinort passiert haben. Ein polnischer Reiterhof bietet den «Dönhoff-Trail» an, der allerdings von den modernen Freizeitreitern in fünf Tagen nicht bewältigt wird. Sie brauchen die doppelte Zeit.

In vielen Schilderungen Ostpreußens, von Siegfried Lenz bis Arno Surminski, klingt das Besondere der Landschaft an, ihre Weite, die Schönheiten der Wälder und Seen, der Rhythmus der Jahreszeiten, die kurzen Nächte im Sommer mit den flimmernd heißen Tagen. Marion Dönhoff schlägt einen eigenen Ton an, den nur jemand hat, der in diesem Land nicht bloß aufgewachsen, sondern regelrecht mit ihm verwachsen ist. Keiner kann so wie sie die unbändige Liebe ausdrücken, die Ostpreußen zu ihrer Heimat empfinden. Von einer fast poetischen Dichte und Tiefe sind ihre Texte. «Wenn es zu Landschaftsschilderungen kommt, dann werden Sie durch die Augen und alle anderen Sinne zur Dichterin mit dem Wort», schreibt ihr der Philosoph Hans Jonas.[22]

Masurische Landschaft. Der Kraukeler See, Anfang der neunziger Jahre

Kein Autor, auch kein Lyriker, kann poetischer sein als jene herbstlichen Morgen, an denen man noch im Dunkeln zum Pirschen aufbricht. Wenn die Sonne aufgeht und in ihren ersten Strahlen der Tau auf den Wiesen wie Diamant funkelt, wenn der ferne See durch die Bäume schimmert, dann fühlt man sich dem Wesentlichen zum Greifen nah. Nicht nur die Augen, die solche unbefleckte Herrlichkeit schauen, nicht nur das Gehör, das die lautlose Stille aufnimmt – in solchen Momenten ist es, als sei der ganze Mensch durchlässig für das Wunder der Schöpfung. Unnachahmlich so ein Morgen: Niemand weit und breit, die ersten Hummeln wachen auf, dann und wann springt ein Reh ab, fliegt ein Vogel auf; [...] Alle Wahrnehmungen verdichten sich zur Inspiration, plötzlich versteht man alles, das Leben, das Sein, die Welt. Und es gibt nur noch ein Gefühl: tiefe Dankbarkeit dafür, daß dies meine Heimat ist.[23]

Wenn Marion Dönhoff nach ihrer Heimat gefragt wird, antwortet sie, ohne zu zögern: *Ostpreußen.* Nicht Hamburg, obwohl sie dort nun schon über fünfzig Jahre lebt, viel länger als in dem Land hinter der Weichsel, das sie einen Monat nach ihrem 35. Geburtstag verließ. *Mir fehlen die Landschaft, die Natur, die Tiere jener untergegangenen Welt. Und auch die Geräusche, diese tausendfältigen Geräusche, die sich unverlierbar für immer im Gedächtnis eingegraben haben. [...] Da strichen die Mauersegler mit pfeifendem Ton in unglaublichem Tempo um das Schloß, bald darauf führten die Fledermäuse ihren Zickzacktanz auf, und wenig später erklang der Ruf der Käuzchen durch die Nacht. [...] In Hamburg gibt es ganz nah von Blankenese eine fast ostpreußische Landschaft, darum wohne ich so gerne in jener Gegend, aber einen Frosch habe ich dort in den Wiesen noch nie bemerkt. Manchmal wird es Sommer, ehe ich den ersten Schmetterling sehe, und nachts höre ich nur das Geräusch vorbeifahrender Autos oder das Klappern ihrer Türen, wenn jemand ein- oder aussteigt. Es ist eine armselige Welt.*[24]

Die verlorenen Freunde

DER 20. JULI

Auf dem Wall von Crottorf, einem Wasserschloß aus dem 16. Jahrhundert im Siegerland, gibt es ein Denkmal, geschaffen von dem bedeutenden Amerikaner Alexander Liberman. Es ist eine abstrakte Skulptur, die auf einem schlichten Granitstein steht, neben dem die Worte zu lesen sind: «Den Freunden vom 20. Juli 1944 zum Gedächtnis – Marion Dönhoff». Darüber die Namen Peter Yorck von Wartenburg, Adam Trott zu Solz, Fritzi Schulenburg, Heini Lehndorff, Kurt Plettenberg, Nux Uexküll.

Crottorf ist ein stiller Ort. Das alte Schloß mit seinen langen Korridoren, mit der dämmrigen Bibliothek und den Ahnenbildern ist umgeben von Wiesen und Wäldern. Hier lebt Hermann Graf Hatzfeldt, ein Sohn von Marion Dönhoffs ältestem Bruder, mit seiner Frau, und hier hat Marion Dönhoff ein Zimmer. Nicht oft kommt sie nach Crottorf, aber dennoch ist dieser Flecken ein winziges Stück Zuhause. Hier trifft sich die Familie an großen Festtagen, und hierher kommen immer wieder ihre Freunde, von George F. Kennan, dem großen amerikanische Diplomaten und Historiker, bis zu Hartmut von Hentig, dem einfühlsamen Pädagogen und Freund aus Jugendtagen. Und hier errichtete sie ihren Freunden, die im Widerstand gegen Hitler ihr Leben opferten, jenes Denkmal.

Die zwölf Jahre der Hitler-Barbarei, das intensive Erleben dieser Zeit, der 20. Juli und die einen Lebensabschnitt beendende Flucht aus Ostpreußen bedeuten für die junge Frau – 35 Jahre ist Marion Dönhoff alt, als der Krieg zu Ende geht – die Phase, die ihr Leben am stärksten geprägt hat. *Nie wieder ist bei uns so existentiell gelebt worden wie damals. So bewußt und so lange Zeit auf dem schmalen Grat zwischen Tod und Leben. Politik war zu jener Zeit stets mit dem Einsatz der ganzen Person verbunden. Für niemanden ist heute das Ausmaß des Risikos und die Dimension der Gefahr, in der jene Männer und Frauen lebten, noch vorstellbar. Jeder* wußte, wenn einer verhaftet werden sollte, könnte dies das Ende für alle bedeuten – denn wer hätte trotz aller Solidarität garantieren wollen, daß er gegen die Folter der Nazi-Schergen gefeit war?[25]

Marion Dönhoff ist von Anfang an klar, was Adolf Hitler bedeutet. Anfang der dreißiger Jahre studiert sie in Frankfurt am Main Volkswirtschaft. Sie wird die «rote Gräfin» genannt, weil sie mit Kommilitonen, die der kommunistischen Partei angehören, gemeinsam gegen die Nazis streitet. Sie macht bei den Versammlungen mit, verteilt Flugblätter und erlebt hautnah die handfesten Auseinandersetzungen der braunen Studenten mit den kommunistischen.

«Völkischer Beobachter», 31. Januar 1933

Den Tag der Machtergreifung, den 30. Januar 1933 erlebt sie in den Straßen der Main-Metropole so: *Ich [...] stellte mich unter eine der Linden, die den Straßenrand säumen, und wartete. Der ferne Marschtritt kam immer näher, wurde immer lauter und lauter, schien ganz unausweichlich, hypnotisierend. Ich hätte nicht einfach aufsitzen und davonradeln können. Schließlich war die Kolonne auf meiner Höhe, eine Hundertschaft der Braunen zog an mir vorüber: steinerne Gesichter, zu allem entschlossen. In diesem Augenblick stand das Kommende plötzlich deutlich vor mir: diese Stiefel würden alles, was ich liebte und achtete, zertreten.*[26]

Die 24 Jahre alte Studentin verläßt die Frankfurter Universität, weil sie nicht relegiert werden will wie ihre jüdischen und kommunistischen Studienfreunde. In Basel findet sie in dem Ökonomen und Sozialwissenschaftler Edgar Salin, dem sie später in ihrem Buch *Menschen, die wissen, worum es geht*[27] ein einfühlsames Porträt widmet, einen verständnisvollen, anregenden Lehrer, der sie allerdings nicht, wie sie plant, über Marxismus promovieren läßt, sondern über das Zustandekommen eines ostpreußischen Großgrundbesitzes.

Zurück in Ostpreußen, wo sie sich in das Dönhoffsche Familienarchiv auf Schloß Friedrichstein für ihre Doktorarbeit vergräbt, kommt sie wieder mit ihren alten Freunden zusammen. Es ist ein großer Kreis Gleichgesinnter, die aristokratische Herkunft verbindet ebenso wie die preußische Erziehung. *Wir waren alle etwa gleichen Alters, alle unter dreißig, kamen alle aus einem ländlichen Milieu, in dem Kontinuität, Verantwortung für das Gemeinwohl, Ehre, Pflicht und eine gewisse «austerity» selbstverständlicher Lebensstil gewesen sind.*[28] Man ist sich einig in der Ablehnung des «böhmischen Gefreiten», erzählt sich Witze über ihn, und wie Marion Dönhoff ahnen viele ihrer Freunde, daß Hitler Krieg bedeutet. Krieg aber heißt, die Heimat Ostpreußen wird verlorengehen.

Nach der Promotion 1935, die sie in Basel summa cum laude abschließt, wäre sie gern in die Wissenschaft gegangen, dorthin treibt sie ihr Ehrgeiz. Doch ihr ältester Bruder Heinrich, Jahrgang 1899, überredet sie, in Ostpreußen zu bleiben und sich in die Verwaltung des ausgedehnten Familienbesitzes

Als Studentin in Basel, 1934

einzuarbeiten. In einem Gespräch, das Theo Sommer und Gerd Bucerius anläßlich ihres 75. Geburtstages mit ihr führten, erinnert sie sich, wie der Bruder ihr gut zuredete: *Du denkst doch genauso wie ich, die Nazis werden es bis zum Krieg treiben, der Krieg wird lange dauern, und wir Brüder werden alle Soldat sein; du mußt nach Hause kommen und dich in die komplizierte Verwaltung einarbeiten. Erst war ich sehr unglücklich. Aber dann habe ich mich gefügt, weil ich es genauso sah.*[29]

Trotz der sicheren Erwartung, daß Hitler Deutschland in den Abgrund führen wird, bleibt Marion Dönhoff also in Ostpreußen. Ein Sichdavonstehlen kommt für sie und ihre Brüder nicht in Frage. *Man hätte jederzeit auf die unbelasteten Güter eine Million aufnehmen und sich in den Westen begeben können, aber das hätte man als eine Art Verrat an der Heimat empfunden.*[30]

Die Ablehnung Hitlers hat viele Formen. Sie reicht vom Verweigern des deutschen Grußes bis zum offenen Widerstand gegen Unrecht und Unmoral des nationalsozialistischen Regimes. In einer Diskussion, die Altbundespräsident Richard von Weizsäcker, Altbundeskanzler Helmut Schmidt und Marion Dönhoff anläßlich des 50. Jahrestages des Attentats auf Adolf Hitler bestreiten, beharrt Helmut Schmidt darauf, daß er von der Vernichtung der Juden als Frontoffizier keine Ahnung gehabt habe, während jemand, «der der gesellschaftlichen Oberschicht in Deutschland angehörte, sehr viel mehr wissen konnte als jemand, der ein einfacher kleiner Muschkote war wie ich».[31]

Die Freunde Marion Dönhoffs ahnen und wissen in der Tat mehr als die Mehrheit der Deutschen, die nichts hören und nichts sehen will, oder die dem Führer besinnungslos folgt. Sie selbst hat den Namen Auschwitz erst nach dem Krieg zum erstenmal gehört. *Man wußte, die Leute werden weggeschafft in den Osten. Aber daß es keine Arbeitslager, sondern Vernichtungslager waren, das habe ich erst nach dem Krieg erfahren. Auf die Idee, daß alle umgebracht werden, konnte kein Mensch kommen.*[32]

Sie weiß allerdings, daß ganze Dörfer, beispielsweise in Weißrußland und der Ukraine, dem Erdboden gleichgemacht werden. Ihr Vetter Heini Lehndorff hat dies und willkürliche Erschießungen an russischen Juden miterlebt[33], und auch für ihren Freund Axel von dem Bussche sind die Judenmassaker der SS in den von der Wehrmacht eroberten Gebieten der Sowjetunion der letzte Anstoß dafür gewesen, sich den Umsturzplänen anzuschließen und die Ermordung Hitlers aktiv zu betreiben.

In verschiedenen Gruppierungen, die wegen strikter Geheimhaltung nichts voneinander wissen, organisiert sich der zivile Widerstand des Kreisauer Kreises um Helmut Moltke und Peter Yorck bis zu Oberst Stauffenberg und Henning von Tresckow, den zentralen Figuren des militärischen Widerstands. Marion Dönhoff ist mit vielen von ihnen befreundet.

Beispielsweise mit dem ehemaligen Botschafter in Rom, Ulrich von Hassell, der nach einen geglückten Umsturz als möglicher Außenminister vorgesehen war. Sein nach dem Krieg veröffentlichtes Tagebuch «Vom anderen Deutschland» ist eines der ersten aufregenden Dokumente, das von der Intensität des Widerstandes Zeugnis ablegt. Marion Dönhoff trifft Hassell während des Krieges des öfteren in Berlin, aber erst nach dem Krieg erfährt sie, daß er sich in den gleichen Widerstandskreisen bewegte wie sie.

In seinem Tagebuch beschreibt Ulrich von Hassell die erste Begegnung im Herbst 1942 mit Marion Dönhoff: «Am bemerkenswertesten die einzige anwesende Dame, Marion Dönhoff, die drei Güter verwaltet. Sehr klug. Viel Charme. Ich brachte sie zu ihrem Zuge und trank noch ein Fläschle mit ihr bei Töpfer. Man tröstet sich in solchem Augenblick durch die Harmonie in den wesentlichen Dingen, aber man sieht doch immer die furchtbare Entwicklung vor sich, ohne irgendeinen Weg zu erkennen, ihn aufzuhalten.»[34] Ulrich von Hassell wird am 8. September 1944 in Plötzensee gehängt.

Zu den Freunden Marion Dönhoffs, die aktiv den Umsturz planen und für die Zeit danach Pläne ausarbeiten, gehören vor allem Peter Yorck, Fritzi Schulenburg, Adam von Trott, Axel von dem Bussche. In dem Buch *Um der Ehre willen* hat sie denen, die ihrem Herzen sehr nahe standen, ein beeindruckendes Denkmal gesetzt.

Marion Dönhoff wird ins Vertrauen gezogen. Detaillierte Aktionen bleiben ihr zwar verschlossen, aber sie weiß, daß ihre Freunde die Beseitigung Hitlers planen. Die Beziehungen der einzelnen Personen zueinander beruhen ausschließlich auf persönlicher Bekanntschaft oder auf vertraulichen Empfehlungen Dritter.[35] Wer ist vertrauenswürdig? – Das ist die immer wieder erörterte Frage. Wer muß sofort nach einem Anschlag auf Hitler kaltgestellt werden? Wer kann die Nazis an den Schaltstellen der Verwaltung ersetzen?

Auf die Frage ihres Freundes Schulenburg, wer nach einem geglückten Attentat in Ostpreußen «Landesverweser», also oberster Verwalter dieser Provinz, die durch den Gauleiter Koch dominiert wurde, werden könnte, nennt sie Heinrich Graf Dohna Tolksdorf und bekommt daraufhin den Auftrag von Stauffenberg, mit Dohna zu sprechen. Dieser erklärt sich bereit. Nach dem mißglückten Attentat vom 20. Juli wird auch er hingerichtet.

Marion Dönhoff unternimmt diverse Reisen in die Schweiz, um dort, auf Bitten ihrer Berliner Freunde, dem ehemaligen Hohen Kommissar des Völkerbundes in Danzig, Carl J. Burckhardt, die Situation in Deutschland darzustellen und ihn zu veranlassen, nach einem Umsturz sofort die Alliierten aufzuklären und für das «Andere Deutschland» zu gewinnen. Sie selbst überlebt den 20. Juli. Ihr Glück ist, daß ihr Name auf keiner der Listen für zukünftige Schlüsselpositionen steht, die die Geheime Staatspolizei (Gestapo) gefunden hat. Sie hat ihren Freunden stets erklärt, daß sie sich in erster Linie um die ihr anvertrauten Gutsleute – mehrere hundert Menschen – kümmern müsse.

Extrablatt zum fehlgeschlagenen Attentat vom 20. Juli 1944

Dennoch klopft die Gestapo nach dem 20. Juli an ihre Tür. Ein Onkel gleichen Namens, fervanter Nazi und Duzfreund des Gauleiters Koch, der im selben Ort (Quittainen) wie sie wohnt, hat die Postagentur des Dorfes schon 1943 angewiesen, die Adressaten von Marion Dönhoffs Korrespondenz zu notieren.

In einem *Postscriptum* zu den Erinnerungen an die Freunde des 20. Juli schreibt Marion Dönhoff: *Als nach dem 20. Juli viele derjenigen, deren Namen das Postamt notiert hatte, in den Nachrichten als die Verräter abgestempelt wurden, fuhr der Onkel mit der Liste nach Königsberg zur Gauleitung und verlangte, man solle mich verhaften. Diese böse Tat zeugte eine Reihe von glücklichen Zufällen, die sich sehr positiv auswirkten: Es begann damit, daß das Auto der beiden Gestapobeamten aus Königsberg, die auf dem Weg nach Quittainen waren, unterwegs zusammenbrach.*

Der Forstmeister, mit dem ich spät am Abend eine Verabredung hatte, sagte unsere Besprechung ab, weil er in seiner Eigenschaft als Ortsgruppenleiter die Gestapobeamten abholen müsse. Er fügte hinzu: «Weiß der Himmmel, was die hier wollen.»

Ich wußte natürlich, was sie wollten, und begann, alles Verfängliche zu vernichten. Glücklicherweise lud der Forstmeister «die Gäste» erst einmal zu einem Bier ein. Es wurde ein langer Abend, an dem viel hin und her schwadroniert worden ist, wobei sich offenbar herausstellte, daß ich, im Gegensatz zu «dem Grafen», als außerordentlich sozial gepriesen wurde. Große Verwunderung – die beiden Herbeigereisten beschlossen, am nächsten Morgen zunächst die Angestellten zu vernehmen, um sich ein Urteil zu bilden.

Offenbar haben alle sehr günstig für mich ausgesagt. Als der alte Kutscher an die Reihe kam, sagte der: «Der Graf hat mir ja gesagt, wenn Sie mir fragen, soll ich sagen, daß ich die ‹ Verräter › immer zu Gräfin Marion gefahren habe. Aber wie soll ich das wissen? Die Herres stellen sich mir ja nicht vor.»

Diese Zeugenbeeinflussung erschien sogar der Gestapo verwunderlich. Als sie zu mir kamen, waren sie verhältnismäßig höflich, stellten viele Fragen, gewannen aber offenbar kein klares Bild; sie nahmen mich mit nach Königsberg. Dort wurde ich ihrem Chef vorgeführt, und dieser begann ein langes Verhör. Nach etwa zwei Stunden – gerade hatte ich insgeheim festgestellt, daß alles bisher ganz gut gelaufen sei – fragte er mich: «Wann haben Sie Graf Schulenburg zuletzt gesehen?» Ich antwortete (mit Betonung auf Berlin): «In Berlin habe ich ihn im vorigen Jahr zuletzt gesehen.»

Kaum war der Satz heraus, sah ich an seinen Augen, daß ich dies offenbar nicht sehr überzeugend herausgebracht hatte. Da gab's also nur noch eins: äußerste Offenheit: «Ich muß Ihnen sagen, ich habe eben nicht die Wahrheit gesagt. Er war vorige Woche hier, aber ich dachte, wenn ich das erwähne, dann würden Sie Ihre Vermutung für bestätigt halten.» Dieses Bekenntnis, das spürte ich, machte ihm Eindruck.

Es ging dann noch zwei Stunden weiter; am Schluß mußte ich meine Aussagen unterschreiben, aber zuvor fragte er mich:

«Wollen Sie noch etwas hinzufügen?»

«Was meinen Sie?»

«Zum Beispiel etwas über Ihren Onkel.»

Da ging mir ein Licht auf: «Mit diesem Onkel hat meine Familie durch alle Instanzen bis zum Reichsgericht prozessiert. Er hat dabei verloren. Wahrscheinlich ist seine Anzeige ein Akt persönlicher Rache.»

Darauf er: «Nun fahren Sie erst mal wieder nach Hause. Wenn wir Sie brauchen, melden wir uns.»

Sie meldeten sich nicht mehr, obgleich der Onkel telefonisch noch einmal monierte, daß ich noch immer frei herumlaufe. Froh darüber konnte ich nicht sein, nachdem ich hörte, daß Heinrich Dohna, den ich zur Mitwirkung geworben hatte, hingerichtet worden war, obgleich er doch viel weniger beteiligt war als ich und auch weniger wußte. [36]

Marion Dönhoff macht von ihrer Rolle im Widerstand nicht viel Aufhebens. Im Gegenteil, als Carl-Hans Graf von Hardenberg, Überlebender des 20. Juli, sie und andere «Übriggebliebenen» bittet, aufzuschreiben, was jeder einzelne beigetragen hat, lehnt sie ab: *Ich begriff nicht, daß es historisch richtig ist, so etwas zu tun. Ich sagte mir: Was habe ich schon gemacht? Doch nur das, was jeder vernünftige Mensch in einer solchen Situation tut.* [37]

Aber sie schreibt zum ersten Jahrestag des 20. Juli einen Text, den sie als Privatdruck im Hamburger Dulk-Verlag in einer Auflage von 300 Stück drucken läßt. *In memoriam – den*

Nach dem gescheiterten Attentat vom 20. Juli fallen Hunderte von Hitler-Gegnern der Blutjustiz des Volksgerichtshofs unter dem Vorsitzenden Roland Freisler zum Opfer

Freunden zum Gedächtnis[38]. Es ist die erste Darstellung und Würdigung des deutschen Widerstands, die nach dem Krieg in Deutschland erscheint.[39] Auch nach über fünfzig Jahren liest man diese von tiefem Ernst geprägte Darstellung nicht ohne Erschütterung. Marion Dönhoff klärt auf, wer zum innersten Kreis des Widerstands gehörte, was die Männer bewogen hat, ein Attentat zu wagen, warum es nicht früher hatte geschehen können und welche Ziele sie verfolgten. Sie schreibt über den geistigen Hintergrund und die innere Haltung jener Männer vom 20. Juli. Ihre *unerbittliche Forderung [...] war: die geistige Wandlung des Menschen, die Absage an den Materialismus und die Überwindung des Nihilismus als Lebensform. Der Mensch sollte wieder hineingestellt werden in eine Welt christlicher Ordnung, die im Metaphysischen ihre Wurzel hat; er sollte wieder atmen können in der ganzen Welt des Raumes, die zwischen Himmel und Erde liegt, er sollte befreit werden von der Enge einer Welt, die sich selbst verabsolutiert.*[40]

Sie wird nicht müde, Jahr für Jahr in der «Zeit» an den

20. Juli zu erinnern, um diesem Tag den ihm gebührenden Rang in der deutschen Geschichte zu verschaffen. Dabei geht sie auch scharf mit den Westmächten ins Gericht, die wider besseres Wissen sich der Hitlerschen Interpretation angeschlossen hatten und das Attentat als eine Tat «ehrgeiziger Offiziere» bezeichneten. Premierminister Winston Churchill, obwohl informiert, nannte die Vorgänge des 20. Juli «Ausrottungskämpfe unter den Würdenträgern des Dritten Reichs». In einem Artikel wünscht sie sich, daß heute, nachdem wissenschaftlich belegt ist, daß England über die wahren Hintergründe des 20. Juli informiert war, *wenigstens ein Wort des Bedauerns* über den Kanal zu hören wäre, wenn schon keine offizielle Entschuldigung zu erwarten ist.[41]

> Die Idee, für die unsere Männer starben, ist unser kostbarstes Vermächtnis. Für sie gilt ein Wort Gorkis aus dem «Lied an den Falken»:
> Bist du auch tot,
> im Lied der Kühnen und geistig Starken lebst du als Vorbild, als stolzer Rufer in Licht und Freiheit.
>
> Marion Gräfin Yorck von Wartenburg auf der Gedenkkundgebung zu Ehren der Opfer des Nationalsozialismus am 22. September 1946 im Berliner Lustgarten

Trauer schwingt mit, wenn Marion Dönhoff über den 20. Juli spricht und schreibt. *Die Tatsache, daß ein so einzigartiger Aufstand des Gewissens nicht tiefer in das Bewußtsein der Deutschen eingegangen ist, bleibt immer noch unbegreiflich.*[42] *Was eigentlich ist dann schließlich von all dem geblieben?* fragt sie in einem Porträt über Peter Graf Yorck von Wartenburg. Ihre Antwort: *In der chaotischen Wirklichkeit nach 1945 nicht viel. Damals glaubte niemand, Zeit für grundsätzliche Erwägungen zu haben. Es ging allenthalben nur ums Überleben, um Brot für den nächsten Tag, um das Dach über dem Kopf, also ausschließlich um praktische und materielle Dinge. So wurde der Erfolg zum Maßstab aller Dinge.*[43]

Marion Dönhoffs Freunde, die gefoltert und hingerichtet wurden, sind Träger großer Namen der preußischen Geschichte: Yorck, Moltke, Dohna, Schulenburg, Lehndorff, Schwerin. *Es ist, als wäre der Geist des Preußischen von Kant bis Kleist, von allen Pervertierungen gereinigt, noch einmal Gestalt geworden.*[44] *Unter den zehn führenden Männern des Kreises um Hitler war kein einziger Preuße. Aber 75 Prozent des Widerstands der am 20. Juli Beteiligten waren Preußen.*[45] Und schlichtweg zornig wird sie, als in Juristenkreisen die Frage erörtert wird, ob die ermordeten Widerständler rehabilitiert werden sollen. In der «Zeit» schreibt sie: *Man hält es nicht für möglich: Jetzt, ein halbes Jahrhundert später, sollen sie rehabilitiert werden, nachdem sie ohne richtiges Gerichtsverfahren am Galgen erhängt wurden – nackend aufgehängt wurden, um sie auch noch angesichts des Todes zu entwürdigen. Als hätten Bonhoeffer, Canaris, Oster und die anderen, die am 9. April 1945 im Konzentrationslager Flossenbürg ermordet worden sind, sowie Dohnanyi und die Kreisauer es nötig, rehabilitiert zu werden. Sie, die ihr Leben einsetzten, um den Terror eines Verbrecherregimes zu stoppen. Sie, die Märtyrer, sollen rehabilitiert werden? Es ist nicht zu fassen.*[46]

In dem Fragebogen des Magazins der «Frankfurter Allgemeinen Zeitung» antwortet sie auf die Frage nach «Ihren Helden in der Wirklichkeit»: *Die vom 20. Juli 1944.*[47] Und der letzte Satz des Buches, in dem sie ihrer hingerichteten Freunde gedenkt, lautet: *Lange Zeit wünschte ich, ich hätte auf irgendeiner Liste für «Hilfskräfte» gestanden: Nichts konnte schlimmer sein, als alle Freunde zu verlieren und allein übrigzubleiben.*[48]

Denkmal von Alexander Liberman, das Marion Dönhoff 1990 zu Ehren der Freunde vom 20. Juli in Crottorf errichten ließ

Der Ritt gen Westen

Die Flucht aus Ostpreussen

In den eisigen Januartagen des Jahres 1945 bricht Marion Dönhoff zu ihrem Ritt gen Westen auf. Frühling ist es, als sie auf ihrem Fuchs Alarich in Westfalen ankommt. *Bei Vollmond war ich aufgebrochen, inzwischen war Neumond, wieder Vollmond und wieder Neumond geworden.*[49] Im Sommer 1944 wälzen sich die ersten Flüchtlingstrecks über die Chausseen Ostpreußens. Sie kommen in leichten Panjewagen aus Weißrußland, ihnen folgen die Litauer, die Memelländer, bis schließlich die ersten Ostpreußen aus den östlichen Landkreisen durchziehen. Obwohl allen klar ist, daß der Vormarsch der Sowjets nicht aufzuhalten ist, verbietet Gauleiter Koch alle Fluchtvorbereitungen. Er wird später von den Polen zu lebenslanger Haft verurteilt werden und endet sein Leben in dem alten ostpreußischen Gefängnis von Wartenburg.

Wenige Monate später, als die Rote Armee zur entscheidenden Offensive ansetzt, schreckt der Ruf «Die Russen kommen» auch die Nazigrößen hoch, die dann als erste Hals über Kopf die Flucht ergreifen. Marion Dönhoffs Plan, ihre Gutsleute auf dem Treck zu begleiten, scheitert. Nach elf Kilometern, kurz vor Pr. Holland, machen sie kehrt. Das Chaos auf den spiegelglatten Straßen ist ihnen zu groß, denn aus allen Richtungen drängen sich die Flüchtlingswagen zwischen orientierungslos dahinirrenden Soldaten. Ihre Leute erleben dann die sowjetischen Soldaten in Quittainen, viele von ihnen überleben nicht. Sie werden erschossen oder an den Ural verschleppt, wo sie elendiglich umkommen.[50]

Marion Dönhoff reiht sich auf ihrem Fuchs ein in den Strom, der allmählich zu einem Treck von Millionen anschwillt. Das Handpferd, das sie mit sich führt, muß der sechzehnjährige Sohn des Forstmeisters besteigen, den sie zufällig in der Menge entdeckt.

Sie hat nur das Nötigste in die Satteltasche gepackt, Waschsachen, Verbandszeug und ein altes spanisches Kruzifix, das heute auf ihrem Nachttisch liegt. Und einen silbernen Löffel, *denn eine Suppe wird es unterwegs wohl immer irgendwo geben.* Er wird ihr Talisman und liegt im Handschuhfach ihres Autos. Ein letztes Abendbrot mit Sekretärin und Köchin in ihrem Haus. *Dann standen wir auf, ließen Speisen und Silber auf dem Tisch zurück und gingen zum letztenmal durch die Haustür, ohne sie zu verschließen. Es war Mitternacht.* [51]

Marion Dönhoff trägt eine hohe schwarze Pelzmütze und ihren Fahrpelz, der mit graugrünem Tuch überzogen ist. Ihre Pelzhandschuhe verliert sie unterwegs. Bei 20 bis 30 Grad minus und orkanartigen Ostwinden eine absolute Katastrophe. *Merkwürdige Zeiten, in denen das Überleben davon abhängt, ob man Handschuhe hat oder nicht.* [52] Glücklicherweise hat sie zwei Paar Skisocken an und läßt nun ein Paar zu Handschuhen avancieren.

Nur sehr langsam kommen die beiden auf ihren Pferden voran. Immer wieder stockt der endlose Treck. Über die Äcker zu reiten oder kleine Landwege zu nehmen erweist sich als aussichtslos. Die Pferde geraten bis zum Bauch in Schneewehen. *Ganz langsam, im Zeitlupentempo, [...] lief Ostpreußen wie ein surrealistischer Film vor uns ab: Elbing, Marienburg, mit dessen Geschichte meine Familie mehrfach verbunden war, und dann Dirschau. Dirschau sah aus wie eine gigantische Bühne für eine Freilichtaufführung von Wallensteins Lager: Menschen über Menschen in den wunderlichsten Kostümen. Hier und da Feuer, an denen abgekocht wurde. Der Kanonendonner war jetzt schon ganz nah, manchmal schienen alle Häuser zu wackeln. Wir zogen am Rande der Stadt in einem Hof unter und legten uns abwechselnd auf ein Sofa, während der andere im Stall bei den*

Marion Gräfin Dönhoff und ich trafen uns ab und zu an der gemeinsamen Grenze unserer Güter und unterhielten uns, weit abgelegen von jeder Behausung und daher sicher vor fremden Ohren. Auf ihre Anregung kaufte ich für den Winter 44/45 keinen Kunstdünger mehr; die beträchtlichen Ausgaben dafür hielten wir für überflüssig, weil wir doch nicht mehr ernten würden. Auf diese Weise hatte ich etwas mehr Bargeld für den Treck zur Verfügung.
Alexander Fürst zu Dohna-Schlobitten

Pferden wachen mußte – denn ein Pferd war in diesen Zeiten ein Königreich wert.[53]

Sie überquerten die Nogat, und hier sieht Marion Dönhoff plötzlich drei Elendsgestalten in Uniform, die sich langsam und schweigend über die Eisenbahnbrücke quälen. *Einer ging an Krücken, einer am Stock, der dritte hatte einen großen Verband um den Kopf, und der linke Ärmel seines Mantels hing schlaff herunter. [...] Für mich war dies das Ende Ostpreußens: drei todkranke Soldaten, die sich nach Westpreußen hineinschleppten. Und eine Reiterin, deren Vorfahren vor 700 Jahren von West nach Ost in die große Wildnis jenseits des Flusses gezogen waren und die nun wieder nach Westen zurückritt.*[54]

Sie kommen nach Varzin. Hier im Schloß empfängt sie, als wäre die Zeit stehengeblieben, die alte Gräfin Bismarck, Schwiegertochter des Reichskanzlers Otto von Bismarck, der sich diese Gutsherrschaft nach dem siegreichen Krieg von 1866 gegen die Österreicher geleistet hat. Eine kaiserliche Dotation von 400 000 Talern machte es möglich. *Alles war wie immer. Der alte Diener, der auch nicht weg wollte, servierte bei Tisch. Es gab einen herrlichen Rotwein nach dem anderen – Jahrgänge, von denen man sonst nur in Ehrfurcht träumt. Mit keinem Wort wurde das, was draußen geschah und was noch bevorstand, erwähnt.*[55] Die alte Dame winkt den beiden Reitern nach. Sie weigert sich, Varzin zu verlassen. Im Park des Schlosses hat sie sich ihr Grab ausheben lassen. Den Einmarsch der Russen will sie nicht erleben.

Sie reiten weiter, durch die Mark, wo Marion Dönhoff vergebens ihre Schwägerin sucht. Auch sie hat sich mit ihren Kindern auf die Flucht begeben. Schließlich ist es Frühling, als sie auf Alarich im westfälischen Vinsebeck einreitet. Hier hofft sie, für ihren Fuchs eine Bleibe zu finden.[56]

In der Geschichte sind es Symbole, die zählen – normale Zeiten laufen wie Sand durch das Stundenglas. Für Marion Dönhoff ist dieser Moment symbolisch. Sie kommt nach Westfalen, zurück in jenen Landstrich, von wo aus vor 700 Jahren ihre Vorfahren ausgezogen waren, um sich im Osten anzusiedeln. *Sieben Jahrhunderte ausgelöscht.*[57]

Marion Dönhoff
auf ihrem Fuchs
Alarich

Was war, ist gewesen. Die 35 Jahre alte Marion Dönhoff beginnt ein neues Leben, das sich von dem bisherigen fundamental unterscheidet. Aus der letzten Herrin von Friedrichstein wird eine Journalistin, die erste Herrin der «Zeit». Viele Jahre dauert es, bis sie innerlich akzeptiert, daß ihre Heimat unwiederbringlich verloren ist. Lange Zeit hofft sie auf ein Wunder, obwohl der Verstand ihr sagt, daß es keine Wunder gibt. Nach langen inneren Kämpfen und Zweifeln ringt sie sich schließlich zu dem schmerzlichen «Ja» des Verzichts durch, weil ein «Nein» nur Vergeltung und Haß bedeutet hätte. Die Versöhnung mit Polen und Russen ist ihr wichtiger.

Ich kann mir [...] nicht vorstellen, daß der höchste Grad der

Liebe zur Heimat dadurch dokumentiert wird, daß man sich in Haß verrennt gegen diejenigen, die sie in Besitz genommen haben, und daß man jene verleumdet, die einer Versöhnung zustimmen. Wenn ich an die Wälder und Seen Ostpreußens denke, an die weiten Wiesen und alten Alleen, dann bin ich sicher, daß sie noch genauso unvergleichlich schön sind wie damals, als sie mir Heimat waren. Vielleicht ist dies der höchste Grad der Liebe: zu lieben, ohne zu besitzen. [58]

Das zweite Leben

Die «Zeit»-Journalistin

Der Krieg ist zu Ende. Die Dönhoffs, so hatten sie verabredet, sammeln sich, wenn alles überstanden ist, in Brunkensen im Kreis Alfeld auf dem väterlichen Hof des Grafen Görtz. Dieser war nach den Gesetzen der Nazis «Halbjude» und hatte die schlimmen Jahre überstehen können als landwirtschaftlicher Eleve in Friedrichstein, wo außer den Dönhoffs niemand von seiner Herkunft wußte. Im Hannoverschen trudeln sie nun alle ein: Sissi, die Frau von Bruder Dietrich, die Marion Dönhoff auf ihrem «Ritt durch Masuren» begleitet hatte; deren Kinder; Schwester Yvonne mit ihrem Mann und Tochter Alexandra; und schließlich sind auch die drei verwaisten Kinder ihres ältesten Bruders nicht weit weg – sie sind von den Großeltern Hatzfeldt in Crottorf aufgenommen worden. Es war in der Erinnerung aller eine trotz allem «fidele Gesellschaft»[59], die anfing, das «zweite Leben» zu organisieren.

Erst einmal gehen alle auf die übliche Hamstertour. Es wird getauscht, Schnaps, den sie aus der Crammschen Brennerei erhalten, gegen Kartoffeln, Kartoffeln gegen Speck, Zigaretten gegen Graupen. Zwischendurch fährt Marion Dönhoff nach Weimar, um ihren Schmuck zu suchen, Erbstücke ihrer Mutter und Großmutter. Sie hatte diese wertvollen Preziosen einem alten Freund mitgegeben, Professor Walter F. Otto, der rechtzeitig Königsberg verläßt und ihr schreibt, der Schmuck lagere im Safe der Dresdner Bank in Weimar, Schließfach 121. Es ist der letzte Brief, der sie in Quittainen vor ihrer Flucht erreicht. Die Bank hat den Krieg überstanden, aber die Schließfächer sind allesamt aufgebrochen worden, erklärt ihr der Direktor – nicht nur bei ihm, sondern in der ganzen «Zone». *Wir*, sagt Marion Dönhoff, *unterhielten uns noch eine Weile, dann fragt er plötzlich: «Wissen Sie noch die Nr. Ihres Safes? Ja, 121.»* Daraufhin zieht er eine Schublade auf, überreicht ihr ihren Schmuckkasten und sagt, dies sei der einzige Safe in der Bank, den sie übersehen haben. *Immer sind es Zufälle, die mein Leben lenken und begleiten,* meint Marion Dönhoff.[60]

Sie spielt Hauslehrerin und unterrichtet, so gut es geht, ihre Nichten und Neffen. Das Tohuwabohu ist groß. Die englische Besatzungsmacht – Brunkensen liegt in der britischen Zone – wirkt orientierungslos und *macht viel Blödsinn*[61]. Marion Dönhoff ist das zu dumm. Sie mischt sich ein, was sie von nun an ihr weiteres Leben lang ständig tun wird. Sie schreibt zwei Memoranden, die leider nicht mehr erhalten sind und wohl auch ihren Adressaten, einen englischen «Wing Commander», nie erreicht haben; jedenfalls erhält sie keine Antwort. In ihnen erklärt sie, wie es zu den Nazis gekommen ist, warum die Deutschen Adolf Hitler hinterhergerannt sind und was nun getan werden muß.

Statt den zuständigen englischen Chef erreicht eines dieser Schriftstücke auf unerklärliche Weise die kleine Mannschaft, die sich in Hamburg anschickt, eine Wochenzeitung ins Leben zu rufen: «Die Zeit». Die Lizenzträger sind sofort angetan von der Frische und Klarheit des Papiers; die überraschte Marion Dönhoff erhält in Brunkensen ein Telegramm: «Bitte sofort nach Hamburg kommen. Mitarbeit an neu zu gründender Zeitung möglich.» *Das war eine unendlich glückliche Fügung, wie ich überhaupt bis auf den heutigen Tag oft denke: Was hast du für ein Glück gehabt.*[62]

Marion Dönhoff fährt Anfang 1946 nach Hamburg, was damals einem Abenteuer gleichkommt. Sie braucht einen vollen Tag, eine Nacht und einen weiteren halben Tag: mal zwanzig Kilometer mit einem Güterwaggon, dann wieder zu Fuß, dann ein Stück mit einem bäuerlichen Gespann. *Ich hatte wirklich gedacht, daß ich nie mehr erleben werde – in einem Schlafwagen mit weißer Wäsche zu reisen.*[63] Im halbzerstörten Pressehaus trifft sie in ungeheizten Zimmern auf die Mini-Redaktion der «Zeit», deren Kern die Lizenzträger sind.

Sämliche Druckerzeugnisse dürfen nur mit Erlaubnis der Besatzungsbehörden erscheinen. Vier gestandene Männer mit weißer Weste erhielten die Lizenz für die «Zeit»: Richard

Das Pressehaus in Hamburg, in dem die «Zeit» seit 1947 residiert. Foto aus dem Jahr 1948

Tüngel, Architekt und Schriftsteller, der Kaufmann Ewald Schmidt di Simoni, der wegen seiner jüdischen Fau von den Nazis mit einem Berufsverbot belegt worden war, der Rechtsanwalt Gerd Bucerius, der jüdische Angeklagte verteidigt hatte und deswegen vom «Stürmer» öffentlich angeprangert worden war, ebenfalls mit einer Jüdin verheiratet, weshalb er als wehrunwürdig galt, und schließlich der einzige Journalist, Lovis H. Lorenz, ein promovierter Kunsthistoriker, der als Nichtnazi von 1933 bis 1944 als Chefredakteur die «Woche» geleitet hatte.

Alle vier und jene, die sie zum Mitmachen animierten, wie den Reporter, Kriegsberichterstatter und Dirigenten Josef Müller-Marein und den Deutsch-Chilenen Ernst Samhaber, einen weltläufigen und erfahrenen Journalisten, und die, die sich eher zufällig zusammengefunden hatten, sind besessen von der Idee, eine Zeitung zu machen. Es geht ihnen nicht ums Geldverdienen; vom Wirtschaftswunder, das Jahre später wahr wird, träumen sie nicht.

In seinem Buch über die Geschichte der «Zeit» schreibt Karl-Heinz Janßen: «Es war ein intellektueller Entschluß zum politischen und moralischen Engagement. Sie fühlten sich mitverantwortlich für die Not des Vaterlandes, und sie wollten die Chance zu einem Neubeginn nutzen.»[64] «Vor 1933 hatten wir nur an Geschäft und Beruf gedacht und die Politik und das Zeitungmachen bequem anderen überlassen. So kam Hitler. Und so etwas sollte uns nicht noch einmal passieren», wird Gerd Bucerius später erklären.[65]

Die Lizenznehmer sind von Marion Dönhoff angetan: «Sie war schon vor dem Kriege durch Amerika und Schwarzafrika gereist, sie beherrschte die westlichen Sprachen einigermaßen, sie bewegte sich wie selbstverständlich in einem internationalen Netz von Beziehungen zu wichtigen Leuten aus Diplomatie und Presse, Universität und Kirche, auch zu Bankiers, Kaufleuten, Militärs, Künstlern – Beziehungen, die sich für die ‹Zeit› würden nutzen lassen.»[66] «Daß sie Gräfin und ‹Junker› war, mochte eher ein Hindernis, ihr Doktortitel dann wieder mildernder Umstand sein», erinnert sich Gerd Bucerius anläßlich ihres 60. Geburtstages.[67]

Sie wurden sich schnell einig. 600 Mark wird das monatliche Salär betragen, und am 1. März 1946 soll sie im Hamburger Pressehaus, Speersort 1, beginnen. Am selben Tag, an dem die erste Ausgabe der «Zeit» erscheint, am 21. Februar 1946, bestätigt Lovis Lorenz ihr die Anstellung: «Hiermit bestätigen wir Ihnen, daß wir Sie mit Zustimmung des britischen Pressehauptquartiers zum 1. März d. Js. als Redakteurin für die Wochenzeitung ‹DIE ZEIT› verpflichtet haben. Da die Besetzung Ihres Postens durch einen Hamburger Journalisten gleicher Qualität nicht möglich war, ist Ihr Zuzug vom britischen Presse-Hauptquartier 8. I.C.U., Hamburg, befürwortet worden.»[68]

Marion Dönhoff weiß, was sie will. Sie will durch Schreiben gestalten, Einfluß nehmen, wirken, Probleme ausbreiten, klären und aufklären. *Ohne Schreiben könnte ich gar nicht leben*, antwortet sie auf eine entsprechende Frage.[69] Hätten die Zeitläufte sie nicht gezwungen, in Ostpreußen Landwirtin zu sein, wäre sie gern Schriftstellerin geworden. Nun ist sie Journalistin.

Die erste Ausgabe der «Zeit» erscheint unter Zulassungs-

nummer sechs der britischen Militärregierung und noch ohne
Mitwirkung von Marion Dönhoff. Die Gründerväter schreiben
auf Seite 1: «Wie eine Mauer von Finsternis und Verzweiflung
steht die Zukunft vor uns. Wir können nur hoffen, ein kleines
Licht anzuzünden. [...] Wir sprechen zu einem deutschen Le-
serkreis, der in dieser Zeitung seine Sorgen, Wünsche und
Hoffnungen wiedererkennen und sie geklärt sehen soll. Wir
werden niemandem nach dem Munde reden, und daß es nicht
allen recht zu machen ist, ist eine alte Weisheit. Aber auch eine
uns fremde Ansicht mag die Gewißheit haben, daß sie von uns
geachtet wird.»[70] Marion Dönhoff wird in ihrem über fünfzig
Jahre währenden Berufsleben als Journalistin, Chefredakteurin und Herausgeberin der «Zeit» an diesen journalistischen
Maximen unbeirrt festhalten. In einem Gespräch mit Kollegen
erzählt sie: *Nach allem, was gewesen war, nach dieser Infiltration
von Demagogie, wollten wir dem Leser Material bieten, damit er sich
eine Meinung bilden kann. Wir wollten ihn also nicht indoktrinieren
mit dem Gegenteil von dem, was vorher war, sondern wirklich vor
ihm alles ausbreiten, was an positiven und negativen Argumenten zu
einem Problem zu sagen ist.*[71]

Den Lesern der «Zeit» stellt sie sich am 21. März, in Nr. 5,
vor – gleich mit zwei Beiträgen. Beide haben bereits den unver-
wechselbaren Klang, der von nun an mehr und mehr in der
Hamburger Wochenzeitung den Ton bestimmen wird. Auf
Seite 1 erscheint ein Artikel, etwas mehr als hundert Zeilen, der
die lapidare Überschrift trägt *Totengedenken 1946*. Der Artikel,
der mit dem Kürzel M. D. gezeichnet ist, erinnert an den Sonntag, der früher «Totensonntag» hieß und dann als Heldenge-
denktag von den Nationalsozialisten alljährlich feierlich per-
vertiert wurde – Grund dafür, daß die Alliierten jede Erwäh-
nung dieses Tages verboten hatten. Marion Dönhoff schert sich
nicht darum. Sie hält für wichtig in einem Moment, da alle
überlieferten Werte in Frage gestellt werden: Opferbereitschaft, Ehre, Treue, Einsatzbereitschaft, das gemeinsame Gedenken an die Gefallenen beizubehalten, *im vollen Bewußtsein
der Verantwortung, die dieser Krieg [...] uns Überlebenden auferlegt.
Aus solchem Gedenken muß die Kraft erwachsen, Haß in Liebe zu*

wandeln und eine neue Ordnung im Geiste der Brüderlichkeit auf den Trümmern einer zerbrochenen Welt zu errichten.[72]

Dem britischen Presseoffizier, dem alle Artikel vorgelegt werden müssen, gefällt dies nicht, so dürfe der Artikel nicht erscheinen. Richard Tüngel greift zu einer Notlüge, das Ganze sei bereits gedruckt. Der Zensor gibt nach, «verbat sich aber, ihm ‹weismachen zu wollen, daß dieses junge Mädchen da einen solchen Artikel geschrieben haben soll›. Die Autorin nahm es als Lob für ihr Erstlingswerk und ist sehr stolz.»[73]

Ihr zweiter Beitrag in dieser Ausgabe steht im Feuilleton, ist mit Marion Gräfin Dönhoff unterzeichnet und mit *Ritt gen Westen* überschrieben. Vor genau einem Jahr ist sie auf ihrem Fuchs Alarich im westfälischen Vinsebeck angekommen, aufgebrochen in Ostpreußen sieben Wochen zuvor. Der Bericht ist genauso lang wie ihr Beitrag auf Seite 1, etwas mehr als hundert Zeilen. Sie wird auch in Zukunft die eher knappe Form pflegen; ausschmückenden Zierat, der nur dem Ego des Schreibers dient, wird man bei ihr nicht finden. Ihre Reportage ist der Grundstock für ein Buch, das fünfzehn Jahre später erscheint: *Namen, die keiner mehr nennt*, in dem sie ihre Flucht in dem Kapitel *Nach Osten fährt keiner mehr* beschreibt.[74]

Der Beitrag in der «Zeit» ist ohne eine Spur von Selbstmitleid und versucht das Geschehen, den Exodus der Ostdeutschen, fragend zu begreifen. Am Ende des langen Rittes von Ost nach West kamen ihr auf einem Hügel Flüchtlinge von Westen entgegen: *Ist das noch Deutschland, dieses Fleckchen Erde, auf dem sich Ost und West begegnen, ratlos, ohne Heimat und Ziel, zusammengetrieben wie flüchtendes Wild in einem Kessel? Ist dies das tausendjährige Reich: ein Bergeskamm mit ein paar zerlumpten Bettlern darauf? Ist das alles, was übrig blieb von einem Volk, das auszog, die Fleischtöpfe Europas zu erobern?* Als Antwort zitiert sie einen Vers aus der Bibel: *Denn wir haben hier keine bleibende Statt, aber die Zukünftige suchen wir.*[75]

Die Redaktion der «Zeit» wird von nun an ihr Zuhause, in gewisser Weise sogar ihre Heimat. *Wenn ich überhaupt eine Heimat gefunden habe, dann ist es die «Zeit». Aber es ist nicht der Ort hier. Der Ort ist immer Ostpreußen.*[76]

Der erste Artikel Marion Dönhoffs in der «Zeit», 21. März 1946

Schnell ist die lebhafte junge Frau aufgenommen in den kleinen «Zeit»-Zirkel, der voller Verve, Enthusiasmus und Leidenschaft darangeht, die Leser mitzunehmen auf die Reise in eine neue und bessere Welt, nachdem die alte so elendiglich untergegangen ist. Die meisten in diesem Kreis sind Dilettanten, keine gelernten Journalisten. Doch sie lernen das Schreiben schnell, wohl deshalb, weil alle etwas zu sagen haben. Marion Dönhoff bittet allenfalls die Erfahreneren, doch *eine Handvoll Kommas* in ihre Manuskripte zu streuen, Interpunktion sei ihre schwache Seite. Und sie erzählt, als Kind habe sie sich darüber gewundert, daß das Tischgebet mit einem Komma anfängt: *Komma, Jesus sei unser Gast [...]* [77]

Die «Zeit» wird in jenen Nachkriegsjahren geprägt von Namen wie Ernst Samhaber, Richard Tüngel, Josef Müller-Marein, der unter dem Pseudonym Jan Molitor Reportagen schreibt, die den Zustand des Landes im Jahre Null schildern, und Ernst Friedlaender, der bald zum einflußreichsten Leitartikler des Blattes wird. Er, der Sohn eines jüdischen Arztes, aufgeklärt-konservativ, ist ein kultivierter, gebildeter und welterfahrener Herr von 52 Jahren. Als Direktor der IG Farben hatte er eine Niederlassung in den USA geleitet; den Naziterror überlebte er in Liechtenstein.

Er ist einer der ersten, die aus der Emigration in das geschundene und hungernde Deutschland zurückkehren. Sein Debüt gibt er am 29. November 1946 mit einem ganzseitigen Artikel, einer «Rede an junge Deutsche, die auch heute immer noch abseits stehen». Überschrieben: «An die Trotzenden». Friedlaender gemahnt die Überlebenden: «Macht Euch bereit für das Zukünftige. Ihr könnt es nur, wenn Ihr dem Trotz entsagt. Ihr entsagt ihm, wenn Ihr das Neue sucht. Also werdet Ihr suchen müssen.» [78] Und so machten sich denn viele Leser auf ins Pressehaus, um Ernst Friedlaender aufzusuchen. *Immer wenn man die schlecht schließende Tür zu seinem winzigen Zimmer öffnete, saß da irgendjemand – ein junger Mensch, ein enttäuschter Offizier, ein aus der Bahn geworfener Beamter. Viele waren von weither in die Redaktion gekommen*, erinnert sich Marion Dönhoff. [79] Er genießt auch in der Redaktion großen Respekt.

Doch die meisten Besucher empfängt Marion Dönhoff, so jedenfalls berichtet Claus Jacobi, der im Herbst 1947 als Volontär zur «Zeit» kam. Später wird er für viele Jahre den «Spiegel» als Chefredakteur leiten. «Sie war es, die die meisten Besucher empfing, mal eine verschleierte 20. Juli Witwe, mal einen vertriebenen Junker, mal einen Großherzog am Stock.»[80]

Die Wochenzeitung entsteht unter den widrigsten Umständen. Bis zur Währungsreform 1948 wird in Deutschland noch regelrecht gehungert. Karl-Heinz Janßen berichtet in seiner «Zeit»-Geschichte: «Gräfin Dönhoff, die nicht in den fünften Stock des Pressehauses zu ziehen brauchte, da sie im Haus von Erik Blumenfeld ein Zimmer bekommen hatte, ernährte sich zeitweilig von einem Sack Grütze und von Mohrrüben. Als Tüngel erfuhr, daß sie nachts wegen Unterernährung Halluzinationen bekam, verordnete er ihr sofort eine Woche Aufenthalt in frischer Landluft bei Verwandten.»[81]

In den schweren Jahren eines Neubeginns entsteht im kleinen Kreis der «Zeit» ein echtes Wir-Gefühl, das die Redaktion auch für die nächsten Jahrzehnte prägt, obwohl Freundschaften zerbrechen werden, weil wirtschaftliche und technische Zwänge die kleine Familie sprengen. *Wir waren nur zehn, zwölf Leute, die mit großer Herzlichkeit und Freundschaft aneinander hingen und alle möglichen Sachen gemeinsam unternahmen. Das war ganz anders als heute, wo immerfort Konferenzen stattfinden und alle gestreßt sind.*[82]

In dieser Zeit entsteht auch das geflügelte Wort: «Laßt uns

> Nach dem Zusammenbruch des zur Hypertrophie entarteten Deutschen Reiches fühlten jene, die während der allzu kurzen republikanischen Epoche ihre entscheidenden Eindrücke empfangen hatten, die Aufgabe, den leeren Raum nach Hitlers Ende mit neuem Inhalt zu füllen – nach demokratischen Idealen und Erfahrungen orientiert. Die Gelegenheit hätte nicht günstiger sein können. Das Land war zerstört. Die Reichen arm geworden, die Mächtigen schwach, die Seßhaften ohne Obdach. Hitler hatte das absolute Nichts hinterlassen. Häuser zu bauen, Lehrsäle, Fabriken war die Aufgabe und Chance jener Generation, welche die Erinnerung an die vorhitlersche, die demokratische Zeit nicht verloren hatte.
>
> Gerd Bucerius, Verleger, 1969

eine Zeitung machen, die uns selber gefällt.» Dieser Satz beinhalte doch ein ungeheures unwiederholbares Pathos, wird Marion Dönhoff von jüngeren Kollegen entgegengehalten, als diese sie anläßlich ihrer fünfzigjährigen Zugehörigkeit zum Blatt befragen. Ihre Antwort: *Ein solches Pathos könnte man heute wahrscheinlich gar nicht ertragen. Damals war es ganz anders. Mir hatten meine Kollegen immer von einem ganz besonders kompetenten Mann berichtet: John Jahr (er ist ein erfahrener Zeitschriftenmacher und Miteigentümer der Illustrierten «stern»). Eines Tages treffe ich ihn und frage ihn nach seiner Meinung über die «Zeit». Ich erwartete natürlich, daß er sagen wird, das ist eine fabelhafte Zeitung. Doch was sagt der Mann, wie aus der Pistole geschossen: Ach, wissen Sie, da sitzt ein Haufen gescheiter Leute zusammen, diskutiert über Gott und die Welt, interessiert sich weder dafür, was die Leser denken, noch dafür, was die Regierung oder die Industrie oder andere Gruppen wollen; nein, sie streiten einfach miteinander, und am Schluß schreiben sie auch noch das, was sie denken – manchmal sogar jeder was anderes. Die «Zeit» ist eine Zeitung von Laien für Laien. Erst war ich ganz enttäuscht, am nächsten Tag aber sagte ich in der Konferenz: «Wir haben das größte Lob bekommen, was ein Journalist kriegen kann: Laien, die nicht fragen, wer welche Interessen hat, sondern die wirklich versuchen, nach bestem Wissen und Gewissen zu analysieren.»*[83]

Die Zeitung aus dem Hamburger Pressehaus ist von Beginn an die klarste Stimme gegen Besatzungswillkür und Demontage. Das ist in jenen Jahren nicht ungefährlich, weil die englischen Pressezensoren die «Zeit» leicht hätten verbieten können. Ernst Samhaber, der erste Chefredakteur, wird von ihnen denn auch bald an die Luft gesetzt, was aber die anderen, Marion Dönhoff eingeschlossen, nicht hindert, besonders die englische Besatzungsmacht – Hamburg liegt in der britischen Zone – heftig zu attackieren. Die entsprechenden Leitartikel tragen knappe Überschriften: «Ohne Würde», «Ohne Freiheit», «Ohne Recht».

Richard Tüngel, der Samhaber als Chefredakteur folgt, versucht die Engländer an ihrer Ehre zu packen. Er schildert die Rechtlosigkeit eines Nazigegners im Dritten Reich, und

Richard Tüngel,
der zweite
Chefredakteur
der «Zeit»

er wiederholt das eherne Gesetz, unter dem die «Zeit» im Februar 1946 angetreten ist: «Ohne Recht – wir haben es uns in der Stunde der Befreiung geschworen, dieses Wort darf bei uns niemals wieder gelten.»[84]

Die Attacken der «Zeit» werden heftiger. Die Pfeile sind in erster Linie gegen die Zivilverwaltung der britischen Militärregierung gerichtet. Wegen bürokratischer Mängel hält die «Zeit» sie für unfähig, die großen Probleme zu lösen: Knappheit an Lebensmitteln und Brennstoffen, den Kahlschlag in den Wäldern, Rohstoffmangel, die Wohnungsnot, die Eingliederung der Millionen von Flüchtlingen und immer wieder die Belastung durch Demontagen.

Mehrmals, wenn sich der Ärger der Militärs angestaut hat, wird ernsthaft erwogen, die Zeitung für ihre Aufsässigkeit zu bestrafen. Aber auch Vorurteile spielen herein. Der zweite

Mann in der Kontrollkommission für die Medien hält das Blatt für stockreaktionär, weil eine ostpreußische Gräfin in der Redaktion sitzt.[85] Doch dann taucht ein britischer Major auf, der sein möglichstes tut, um Unbilden vom Blatt fernzuhalten.

Es ist der englische Offizier Michael Thomas, der eigentlich Ulrich Hollaender hieß, seinen Namen aber änderte, weil, falls er in Gefangenschaft käme, seine Mutter, die in Berlin geblieben war, nicht in Schwierigkeiten geraten sollte. Sein Vater Felix Hollaender war einer jener Berliner assimilierten Juden, die nie auf den Gedanken gekommen wären, etwas anderes als Deutsche zu sein – von Beruf Schriftsteller und Dramaturg an den Reinhardt-Bühnen.

In der ein wenig bohemehaften Atmosphäre dieses Elternhauses entwickelte sich der Sohn zu einem konservativen Patrioten preußischer Prägung, der er bis zu seinem Lebensende bleiben sollte. In seiner Rolle als Kontrolloffizier, der zudem für die richtige Darstellung des britischen Standpunkts in den Medien sorgen soll, kommt er in den fünften Stock des Hamburger Pressehauses. In seiner Selbstbiographie schreibt er: «Jetzt plötzlich sollte es meine Aufgabe sein, den britischen Standpunkt zu verkaufen, einen Standpunkt, den ich in mancher Hinsicht nicht teilte. Ich fühlte mich als Europäer mit deutscher und englischer Wurzel, als Deutscher und Engländer. [...] Die Voraussetzung meines ‹Verlöbnisses› mit England war, daß der Krieg nicht gegen Deutschland, sondern gegen die Nazis geführt wird. Jetzt sollten Deutschland und England zu einer Verständigung kommen, und da waren allerhand Trümmer wegzuräumen.»[86]

Dem «Zeit»-Kollegium begegnet er mit Respekt. Die Zeitung «hatte schon damals einen hervorragenden Ruf, nicht zuletzt, weil sie mit mehr Mut als fast alle anderen Publikationen auch die Besatzungsmacht und deren Maßnahmen kritisierte. Sie wurde von der gesamten gebildeten Schicht und von allen ernsthaft politisch Interessierten gelesen. In den ersten Nachkriegsjahren war sie vielleicht das einflußreichste Medium der politischen Meinungsbildung.»[87] Michael Thomas diskutiert viel und intensiv mit der Redaktion, in der Regel geht es sehr engagiert und leidenschaftlich zu. Die Alkoholika, die er seinen widerborstigen Schützlingen mitbringt, sorgen für Entspannung der Atmosphäre. «[...] wiederholt wurde ich in die Enge getrieben. Am unangenehmsten waren nicht die formal zwar brillanten, aber doch sehr emotionalen Angriffe Tüngels, sondern die leisen, hintergründigen Fragen der Gräfin Dönhoff.»[88]

Zu ihr fühlt er sich besonders hingezogen. «Häufig haben wir das jeweilige Thema ihrer Leitartikel am Telefon miteinander diskutiert, auch später noch, als sie sich ‹wegen der fehlenden Ostpolitik› von Adenauer abgewandt und den mehr linken Ideen ihrer Studienzeit zugewandt hatte, als sie die ‹rote Gräfin› genannt worden war. Oft wurden aus den Zwiegesprächen Kontroversen, aber unserer Freundschaft tat dies keinen Abbruch.»[89]

Er glaubt schon in jenen Jahren erkannt zu haben, wer die «eigentliche Gestalterin» des Blattes sei. «Mit ihrer moralischen Autorität, ihrem unerbittlichen Urteil, ihrem Ideenreichtum, ihrer Begeisterungsfähigkeit (stets novarum rerum

Der ehemalige englische Major Michael Thomas.
Foto aus dem Jahr 1984

cupidus), ihrer Menschlichkeit und ihrer Fähigkeit, die unter Tüngel trinkfreudige Redaktion auf Kurs zu halten, blieb sie die beherrschende, die geliebte und gefürchtete Figur.»[90]

Der Kampf gegen die Willkür der Besatzungsmacht ist eines der Themen, die die «Zeit» in ihren ersten Jahren beherrschen, ein anderes, das besonders von Richard Tüngel, Ernst Friedlaender und Marion Dönhoff intoniert wird: die Frage, auf welche Weise ein verbrecherisches System eigentlich liquidiert werden kann. Also: Wie können die Schuldigen der Nazizeit ermittelt und zur Rechenschaft gezogen werden?

Richard von Weizsäcker schildert in seinen Erinnerungen eine Episode, die auch Marion Dönhoff erzählt. Sie lernt Weizsäcker, der gut fünfzehn Jahre jünger ist, in Göttingen kennen. Zusammen mit ihrem Freund Axel von dem Bussche, jenem Offizier, der sich mit Hitler in die Luft hatte sprengen wollen, fahren die drei im Winter 1946/47 nach Nürnberg, wo die Alliierten über die Hauptkriegsverbrecher zu Gericht sitzen. Weizsäckers Vater Ernst, der ehemalige Staatssekretär im Auswärtigen Amt und Botschafter am Vatikan, ist dort als Zeuge geladen.

Richard von Weizsäcker schreibt: «In vollem Glanz prangt aber der wilhelminische Justizpalast, bereit, die Lebenden zu richten. An seinem Eingang standen zwei amerikanische Panzer mit Besatzung. Marion Dönhoff erinnert sich, daß Axel und ich im Auto laut aufbegehrten: ‹Die raus, wir rein.› Marion blickte entsetzt angesichts unserer offenbar noch ungestillten soldatischen Triebe. Aber wir wollten natürlich nicht den Krieg fortführen. Uns bedrückte eine Entwicklung, in der die Entnazifizierung eine Sache der Siegermächte zu bleiben drohte. Wir empfanden es als eine Aufgabe der Deutschen, über Verbrechen zu Gericht zu sitzen, deren Opfer Menschen vieler Nationen geworden waren, darunter nicht minder auch die eigenen Landsleute. Es sollte am Ende doch nicht allein bei dem Stichwort ‹reeducation› als Ausdruck amerikanischer Besatzungspolitik gegenüber den Deutschen bleiben!»[91]

Diese Einstellung der beiden ehemaligen Wehrmachtsoffiziere ist auch Marion Dönhoffs Haltung. Besonders erbost ist sie darüber, daß in Nürnberg nicht auch jene Verbrechen verhandelt werden, welche die Naziführer an ihrem eigenen Volk begangen haben. Karl-Heinz Janßen gibt in seiner Geschichte der «Zeit» die Stimmung wieder, die in der Redaktion diese Frage beherrscht: «Die Leitartikler der ‹Zeit› wurden von der Angst umgetrieben, das Nürnberger Hohe Gericht könnte die Kollektivschuld des deutschen Volkes festschreiben. Dieses heimliche Unbehagen wird schon früh in einem redaktionellen Text zu einer Szewczuk-Karikatur angedeutet: ‹Das Volk sitzt mit auf der Anklagebank. Was wir in zwölf Jahren in innerer Ablehnung abzuwenden versuchten, ist eingetreten.› – ‹Wir›, das sind die Meinungsmacher der ‹Zeit›: Gerd Bucerius, der im Krieg die Bombergeschwader der Alliierten herbeigesehnt hat, Gräfin Dönhoff, deren Freunde nach dem 20. Juli 1944 hingerichtet worden sind, Richard Tüngel, der sich nicht genug aufregen kann über jene Verbrecher und mehr noch über die ‹entsetzlichen Dummköpfe, die hinter ihnen herliefen› – sie fühlten sich am 8. Mai 1945 wirklich befreit. Sie wollten nicht, wie der Bildtext verrät, in eine Schicksalsgemeinschaft gepreßt werden mit ‹Menschen, die wir verachteten und ablehnten›.»[92]

In ihrem Kampf für Gerechtigkeit beschreibt Marion Dönhoff den Fall des Generals von Falkenhausen, ehemals Militärbefehlshaber in Belgien, der in Brüssel vor Gericht steht. Für sie ist dies ein Fall, der die ganze Absurdität der Siegerjustiz zeigt. *Falkenhausen, so schreibt sie, gehörte zu den wenigen Deutschen, die schon zu einer Zeit erbitterte Gegner Hitlers waren, da viele spätere Widerstandskämpfer noch mit feierlicher ‹Gänsehaut› 1933 dem Tag von Potsdam beiwohnten.*[93] 1944 verhaftete ihn die Gestapo und schleppte ihn durch viele KZs und Gefängnisse. *Dennoch wurde er kurz nach der Befreiung als Kriegsverbrecher verhaftet. Seither sind Jahre vergangen, in denen Falkenhausen, diesmal von den Alliierten, durch 51 Gefängnisse und Lager in sechs verschiedenen Ländern geschleppt wurde. Sein Nachfolger hingegen, der frühere Gauleiter von Köln/Aachen, Grohé, der als Reichskommissar ein unvergleichlich schärferes Regime in Belgien führte, ist dort längst aus der Haft entlassen. Vielleicht wird eines Tages in einem menschlicheren Zeitalter die Geschichte vom Ritter ohne Furcht und Tadel geschrieben werden, der im Gefängnis zugrunde ging, weil die Menschen verlernt hatten, zwischen Gut und Böse zu unterscheiden.*[94]

Ein anderer Fall, den Marion Dönhoff recherchiert und schließlich zu einem guten Ende führen kann – er ist später in der «Zeit» von Ernst von Salomon in mehreren Folgen nacherzählt worden –, ist die unglaubliche Geschichte des ehemaligen Reichswehroffiziers Arthur Dietzsch. Als Dreiundzwanzigjähriger wird er 1923 zu zehn Jahren Festung verurteilt, weil er, verlobt mit der Tochter eines Altkommunisten, sich an kommunistischen Parteiversammlungen aktiv beteiligt hat. Als seine zehn Jahre um sind, waren gerade die Nazis an die Macht gekommen. Als sie das Wort Kommunist lesen, stecken sie ihn sofort ins Konzentrationslager Buchenwald. Dort wird er gezwungen, als «Kalfaktor» bei Fleckfieberversuchen mitzumachen. Grund für die Alliierten, ihn 1945 durch ein Sondergericht zu fünfzehn Jahren Gefängnis zu verurteilen, obgleich sein Fall eindeutig unter den Begriff des gesetzlichen Notstands fällt und obgleich Beweise dafür vorliegen, daß Dietzsch die Rettung vieler Gefangener bewirkt hat. Die Aufbereitung dieses Falles in der «Zeit» bewirkt, daß Arthur Dietzsch freigelassen wird.

Marion Dönhoff stimmt jetzt in den Chor derer mit ein, die eine Amnestie fordern. Freikommen sollen alle von alliierten Kriegs- und Sondergerichten Verurteilten, sofern sie sich nicht nach deutschem Recht schuldig gemacht hatten. Im Dezember 1949 begründet sie ihre Forderung: *Eine Zeit, in der alles derart im Fluß ist, daß die Ideale von gestern bereits heute zur Torheit werden, ist nicht dazu angetan, neues, dauerhaftes Recht zu schaffen, wie man es in Nürnberg eigentlich vorhatte. Es kann ferner niemanden wundernehmen, daß die alliierten Sondergerichte besonders in der ersten «Sturm-und-Drang-Zeit» nach der Kapitulation Urteile gesprochen haben, die aus einer ruhigeren Atmosphäre betrachtet, nicht mehr als gerecht bezeichnet werden können. […] kein Zweifel, daß die Majestät des Rechts empfindlichen Schaden gelitten hat. Es kommt aber gerade in Deutschland darauf an, die Achtung vor dem*

Recht wiederherzustellen und es wieder zu einer unabhängigen Ordnung werden zu lassen. Die bisherige Rechtsprechung hat dazu geführt, daß bei uns Schuldige zusammen mit den Unschuldigen verklagt werden, daß verbrecherische Elemente aller Art als Märtyrer gelten. Da eine Revision der Fehlurteile abgelehnt worden ist, bleibt uns nur der Weg der Amnestie, um die Schuldigen von den Unschuldigen zu sondern.[95]

Die rigorosen Urteile der alliierten Justiz basierten auf der Vorstellung der Siegermächte, daß der Nationalsozialismus sich nur habe ausbreiten können, weil der einzelne Bürger nicht genug Widerstand geleistet habe. *Sie vergaßen,* so schreibt Marion Dönhoff viele Jahre später, *daß Heldentum etwas sehr Seltenes ist, etwas, das sich nicht zur Norm erheben und fordern läßt.*[96]

In der Erkenntnis, daß man die Integration der Bundesrepublik in die westliche Gemeinschaft nicht weiter belasten dürfe, begnadigen die Alliierten 1950 alle «Kriegsverurteilten» und setzen sie auf freien Fuß – allerdings nicht so, wie Marion Dönhoff und ihre Kollegen in der «Zeit» sich das vorstellen. Nach den deutsch-alliierten Verträgen dürfen die Amnestier-

Oradour-sur-Glane nach der Zerstörung

ten von der deutschen Justiz nicht noch einmal belangt werden, selbst wenn neues belastendes Material anfällt.

Im Nachbarland Frankreich beginnen einige Kriegsverbrecherprozesse überhaupt erst sieben Jahre nach Kriegsende. Marion Dönhoff fährt im Februar 1953 nach Bordeaux und berichtet von dort über den Oradour-Prozeß. Sie schreibt eine bewegende Reportage, deren Lektüre auch nach fast fünfzig Jahren ihre Wirkung nicht verfehlt. Am 10. Juni 1944 hatte eine Einheit der SS-Division «Das Reich» den kleinen Ort Oradour-sur-Glane in Mittelfrankreich bei Limoges dem Erdboden gleichgemacht und seine Bewohner, 642 an der Zahl, Männer und Frauen, Kinder und Alte, erschossen oder in der Kirche verbrannt.

Zu der Einheit gehörten blutjunge Elsässer, die in die SS gepreßt worden waren. Marion Dönhoff sitzt tagelang in dem engen Gerichtssaal auf den Stufen des Richterforums und schaut, eine Armlänge entfernt, in die Gesichter der Angeklagten. Sie fragt sich, ob das Schicksal schuld sei, das den einen mit der SS nach Oradour führte, den anderen, der nun schon seit Jahren ein normales Leben führt, zu seiner Truppe. *Aber wenn es auch Zufall sein mag, wer wohin gestellt wird, so ist es doch gewiß der eigenen Verantwortung überlassen, wer dort wie reagiert. [...] Mit jeder Regung des Herzens spürt man, sie sind mitschuldig.* [97]

Aber sie fragt nach der moralischen Verantwortung des Menschen, der sich einem «höheren Befehl» unterordnet. *Wer ist eigentlich noch Mensch in dieser technisierten Welt?* Die Schlußfolgerung der Reporterin: *Das Verbrechen von Oradour geht über jedes mögliche Verstehen hinaus und entzieht sich daher der Gerechtigkeit.* Der letzte Satz ihrer Reportage: *Sollte man nicht den zum Tode Verurteilten das erweisen, was ebenfalls über alle Vernunft geht? Gnade.* [98] Tatsächlich werden die Todesstrafen später umgewandelt.

Im Rückblick auf die ersten Jahre ihres «zweiten» Lebens spricht Marion Dönhoff von der Chance, *eine neue, wesentlichere Welt aufzubauen, zusammen mit all jenen, die nicht nur am Rande des Abgrunds gewandelt waren, sondern die tief unten von seinem Grund heraufgeschaut hatten.* [99] Diesen Satz schreibt sie im Oktober 1949. Dreißig Jahre später ergänzt sie dies, als sie sich mit einer gewissen Wehmut an die Hungerjahre und die Trümmerlandschaft erinnert: *Viele haben das Gefühl, nie zuvor und auch nie wieder seither so intensiv gelebt zu haben wie damals. [...] Alles Denken und Diskutieren kreiste damals um die geistige und politische Erneuerung. Wie sollte das neue Deutschland aussehen? Was müssen wir tun? Welche Ziele anvisieren? Zentralismus oder Föderalismus? Was für eine Verfassung? Welche Prioritäten beim Wiederaufbau? Erziehungsreform – aber wie? Unzählbar waren die Fragen, unbegrenzt das Interesse an allem, was Orientierung bot und Standorte präzisierte. Das Materielle erschien daneben ganz gleichgültig, es war unerreichbar fern und auch gar nicht so wichtig. Alle Konzentration galt den geistigen, moralischen und politischen Notwendigkeiten.*[100]

Maßstäbe setzen

DIE «ZEIT»-CHEFIN

«In gewissen Momenten», so erzählt Karl-Heinz Janßen in seiner «Zeit»-Geschichte, «befällt den Menschen eine unbehagliche Ahnung, deren Sinn sich ihm oft erst nach Jahren erschließt.» So ergeht es Marion Dönhoff, als sie im Herbst 1949 von einer Reise in die Redaktion zurückkommt. Sie sieht Chefredakteur Tüngel mit einem Fremden zusammensitzen, der ihn offensichtlich fasziniert, weil er hinreißend jüdische Witze erzählen kann. Während des Dritten Reiches hat sie ein untrügliches Gespür dafür bekommen, wenn in einer Runde ein Nationalsozialist auftaucht. Und so geht sie hinterher sofort zu Tüngel: «Was haben Sie denn da für einen Nazi angeschleppt?» Tüngel: «Sie sehen auch hinter jedem Baum einen Nazi.»[101] Marion Dönhoffs intensive Nachforschungen bringen heraus, daß der Besucher Walter Petwaidic bei der Arisierung jüdischer Unternehmer in Wien mitgewirkt hat und daß er seinen Namen in Walter Fredericia geändert hatte.

Fredericia wird schließlich eingestellt und schreibt Artikel über Verfassungsfragen, die den unseligen Geist der vergangenen Jahre auf eine verquere Art widerspiegeln – jedenfalls erscheint es vielen so. Er trägt dazu bei, daß die «Zeit» in den Ruf kommt, «rechtsaußen» zu stehen.[102] In jenen Jahren beginnt die Not- und Schicksalsgemeinschaft der ersten Nachkriegsjahre zu zerbröckeln, und das aus dem Widerstand gegen Hitler entstandene Bündnis von Liberalen, Konservativen und Sozialisten zerfällt.

Der Chefredakteur Richard Tüngel drängt seinen Stellvertreter, den Verantwortlichen für das politische Ressort Ernst Friedlaender, aus der Redaktion heraus. Beide sind sich uneins über die Linie des Blattes und die Frage, wie man Leser ans Blatt binden könne. Die Zeitung verliert rapide an Auflage, 44 000 Exemplare sind es 1955; der «Zeit»-Verlag schlittert nahe an den Abgrund. Es fehlt das finanzielle Polster, mit dem das politische Wochenblatt nach der Währungsreform seinen Ausbau vorantreiben kann. Der Konkurrenzdruck ist spürbar, die Tageszeitung «Die Welt» entwickelt sich zu einem vorbildlich redigierten liberalen Blatt. Schon damals zeigt sich, daß die größte Konkurrenz von gut gemachten überregionalen Tageszeitungen droht, die sich später, in den neunziger Jahren, zu täglich erscheinenden Wochenzeitungen mausern.

Der wirtschaftliche Druck entzweit die Lizenzträger, die unter sich die Geschäftsanteile des Verlages aufgeteilt haben. Ein jahrelanger Streit lähmt die Entwicklung des Blattes, bis schließlich im März 1957 ein Schiedsgericht in Hamburg zugunsten von Gerd Bucerius entscheidet, der von nun an der alleinige Verleger der «Zeit» sein wird. Mit Hilfe eines Kredits, den Gerd Bucerius 1951 aufgenommen hat, kauft er die Mehrheit der Anteile der Illustrierten «Stern». Bis die «Zeit» 1975 aus den roten Zahlen kommt, sind rund 25 Millionen aus den Gewinnen des «Sterns» in die «Zeit» geflossen.

Marion Dönhoff tritt 1952 die Nachfolge Ernst Friedlaenders als verantwortliche Journalistin für das politische Ressort an. Sie versteht sich vorrangig als Außenpolitikerin, weil in der Außenpolitik *die wichtigsten Probleme anstanden: Was machen wir mit dem Westen, was mit dem Osten?* [103]

Wie es die Entstehungsgeschichte der «Zeit» und die sich darauf gründende Tradition gebieten, läßt sie möglichst viele Stimmen zu Wort kommen. Aber eine Grenze gibt es: Die alten Nazis haben im Blatt nichts zu suchen. Auf die Bemerkung: «Damals drohte die ‹Zeit› in ein sehr konservatives Lager, beinahe radikal rechtes Lager zu geraten», entgegnet sie: *Konservativ wäre nicht so schlimm gewesen* [104], doch die politische Linie, die der Chefredakteur Richard Tüngel mehr und mehr einschlägt, lenkt das Blatt immer weiter ab von seiner liberalen Tradition. Zum Beispiel darf der Konservative Winfried Martini während der Bonner Debatte über das Wahlgesetz 1953 aus Mißtrauen gegen die politische Urteilskraft der Wähler das Listen- und Verhältniswahlrecht schmähen – «äußerst unorthodox», wie es im Vorspann zu dem Artikel heißt. [105]

Inzwischen führt Walter Fredericia seinen Chefredakteur Tüngel mit dem Staatsrechtler Carl Schmitt zusammen. Schmitt ist jener Jurist, der die von Hitler befohlenen Morde vom 30. Juni 1934 nachträglich gerechtfertigt hat. Sein Einfluß reicht bald bis in die Leitartikel der «Zeit» hinein.[106]

Ende 1952 schreibt Richard Tüngel einen Leitartikel unter der Überschrift «Wir treiben in eine Staats-Krise», in dem er zum erstenmal Carl Schmitt beim Namen nennt. Er empört sich darüber, daß sich die Parteien im Bundestag vom Kronjuristen der Sozialdemokraten, Adolf Arndt, davon abhalten lassen, sich in ihren Reden auf Schmitt zu beziehen oder ihn zu zitieren, «obwohl sie wissen sollten, daß Carl Schmitt zur Theorie des Staatsrechts erheblich mehr beigetragen hat als Herr Arndt».[107]

Marion Dönhoffs Schmerzgrenze ist erreicht. Tüngel versucht sie zu beschwichtigen: Die Nazizeit sei jetzt überstanden; es sei falsch, Leute wie Schmitt für alle Zeit zu diskriminieren. Er wirft ihr vor, sie sei im Jahre 1948 stehengeblieben, anstatt mit der Zeit zu gehen. Sie bleibt hart: *Wenn Carl Schmitt jemals in der «Zeit» schreibt, bin ich nicht länger da.*[108]

Es kommt zum Eklat. Als sie während eines Urlaubs in Irland die «Zeit» aufschlägt, stößt sie auf einen groß aufgemachten Artikel von Carl Schmitt, «Im Vorraum der Macht».[109] Zurück in Hamburg, läßt sie sich in der Bibliothek aus der «Giftküche», dem Bestand verbotener Literatur, Schriften von Schmitt vorlegen und trägt auf zehn Seiten belastende Zitate zusammen, die sie dem Chefredakteur zum Lesen vorlegt. Um die Situation zu calmieren, bietet Richard Tüngel ihr den Korrespondentenposten in London an. Sie lehnt ab und schreibt ihm einen bemerkenswerten Brief, kühl und entschieden im Ton: *Lieber Herr Tüngel, ich hatte den Eindruck, daß Sie meinen Entschluß, Ihren Londoner Vorschlag abzulehnen, als unbedachten coup de tête empfanden, und darum möchte ich noch einmal die Gründe zusammenfassen, die mich dazu veranlaßt haben.*

Unsere Meinungsverschiedenheit, derentwegen Sie mich in der Redaktion nicht mehr ertragen und darum nach London schicken wollten, ist entstanden über der Frage, soll man ehemalige führende

Carl Schmitt

Nazis (oder sagen wir es neutraler: im damaligen «Geistes»-Leben oder dem damaligen Apparat verantwortliche nationalsozialistische Persönlichkeiten) in der «Zeit» schreiben lassen oder nicht.

Ich verneine diese Frage. Sie dagegen sagen: Ja, man soll es. Sie werfen mir vor, ich sei 1948 stehengeblieben; eine Zeitung aber müsse mit der Zeit gehen. Es sei «unmenschlich», jene Leute für alle Zeiten zu diskriminieren. Ich bin zwar der Meinung, daß man sie nicht wirtschaftlich diskriminieren soll – von mir aus können alle Nazibonzen und Enthusiasten in Prachtvillen wohnen und 300er Mercedes fahren –, aber man soll sie politisch diskriminieren. Wer den Geist des Nationalsozialismus gepredigt hat oder die Sprachregelung der Presse gelenkt hat, der soll für alle Zeiten von der Mitarbeit an einer politischen Zeitung ausgeschlossen werden. Genau diese beiden Fälle sind nun der Anlaß zu meinem Ausscheiden geworden.

Wenn ein Mann wie Carl Schmitt, der von 1932 an mit der ganzen Schärfe seine Intellektes gegen die bürgerlich parlamentarische Demokratie und den bürgerlichen Rechtsstaat zu Felde gezogen ist, heute von der «Zeit» als Berater in verfassungsrechtlichen Fragen herangezogen wird und bei uns abgedruckt wird, dann hat's geklingelt. Vergessen Sie nicht: Ein Mann, der immer wieder dem «bürgerlich liberalen rationalen Rechtsstaat» die Theorie «vom Mythos» und «vom unmittelbaren Leben» und von der «arteigenen Einheit des Volkes» entgegengestellt hat. Ein Mann, der behauptete, daß die Parteien und der Parlamentarismus «rechtswidrig» und «verfassungswidrig» seien (siehe Hüter der Verfassung), weil sie jene homogene Einheit der «substanzhaften Werte» des Volkes aufspalte, und der darum aus «staatsrechtlichen» Gründen die Beseitigung der Parteien und des Parlamentarismus, ja des gesamten «Legalitätssystem» der Weimarer Verfassung zugunsten des Reichspräsidenten forderte.

Und der Andere? Paul Schmidt, der bis zum Zusammenbruch jeden Tag die Lügen von Hitler und die Propaganda von Ribbentrop im A. A. zu einer Sprachregelung koordinen den ausländischen Korrespondenten verzapfte und der heute, acht Jahre danach, unter einem Pseudonym in der «Zeit» schreibt – in der ich laut Impressum für die Politik verantwortlich bin! Das ist einfach zuviel verlangt. Ich habe nicht jahrelang gegen die Nazis gekämpft und meinen ganzen Freundeskreis am 20. Juli verloren, um nun, nachdem für alle deutlich geworden ist, wohin jene uns geführt haben, ihnen die Spalten der Zeitung zu öffnen, an der ich seit dem Zusammenbruch mitgearbeitet habe.

Ich habe mich immer bemüht, gegen die ungerechte Diskriminierung der kleinen Nazis und die falschen Anklagen, auch wenn sie gegen die großen Nazis gerichtet waren, in dieser Zeitung Stellung zu nehmen – ich glaube, niemand hat in den Jahren 1947–1952 so viele Aufsätze zu diesem Thema geschrieben wie ich –, aber ich weigere mich, zuzugeben, daß wir Deutschland einen Dienst erweisen, wenn wir den Verrätern am Geist und den Nihilisten mit Bügelfalten wieder die Möglichkeit geben, politische Betrachtungen anzustellen.

gez. Marion Dönhoff [110]

Marion Dönhoff räumt ihren Schreibtisch und antwortet auf die Frage von Richard Tüngel, wovon sie denn leben wolle: *Das werde ich sehen, das weiß ich noch nicht.*[111] Sie reist erst einmal in die USA und berichtet in drei ausführlichen Reportagen über ihr Wiedersehen mit dem Land, das sie das letztemal vor dem Krieg besucht hat. Die Artikelfolge erscheint in der «Welt». Danach findet sie in London beim «Observer» Unterschlupf. Der Herausgeber dieser Wochenzeitung, David Astor, ist ein alter Freund von ihr. Das halbjährige Praktikum als «learner und observer» ist für sie eine lehrreiche Zeit. Das Entgelt, drei Pfund pro Woche, reichte allerdings nicht zum Leben, wären da nicht die 600 Mark, die Gerd Bucerius ihr monatlich überweisen läßt.

Ein Jahr später, im Sommer 1955, holt Bucerius sie wieder in die Redaktion. Inzwischen ist die Auseinandersetzung unter den Teilhabern der Zeitung eskaliert, gerichtliche Verfügungen und Urteile bestimmen den Fortgang. Richard Tüngel erhält Hausverbot. Im Impressum des Blattes steht wieder als «Verantwortlich für Politik»: Marion Gräfin Dönhoff.

Ohne Zweifel ist die «Zeit» in ihren ersten Jahren stark von dem Konservativen Richard Tüngel geprägt worden. In jenem Schiedsgerichtsverfahren, das Gerd Bucerius die volle Verfügungsgewalt über sein Blatt gibt, heißt es im Urteil, das von dem in der Hansestadt hochangesehenen Oberlandesgerichtspräsidenten Ruscheweyh verfaßt ist, Richard Tüngel habe «in fast zehnjähriger Arbeit das Gesicht der ‹Zeit› geschaffen und damit den Grundstein für den ideellen Erfolg des Unternehmens gelegt»[112]. Von Jahr zu Jahr gewinnt allerdings die Stimme von Marion Dönhoff an Gewicht. Auch sie ist durch Herkunft und Erziehung eher konservativ geprägt, aber doch unverkennbar eine Liberale, die erklärt, daß der ihr genehme Platz der zwischen allen Stühlen sei. Und genau dorthin bugsiert sie schließlich auch ihre Zeitung. Er sei stolz gewesen, schreibt Gerd Bucerius ihr Ende 1972 ins Stammbuch, als er die Chefredaktion in die Hände von Theo Sommer legt, daß er ihr die Zeitung nach jenem gewonnenen Prozeß im April 1957 wieder «zurückgeben» konnte.[113]

Das Verhältnis zwischen Marion Dönhoff und Gerd Bucerius ist nicht spannungsfrei. «Ja, gekracht haben auch wir uns», schreibt er, «und Briefe geschrieben über die lächerlichsten Sachen. Die politischen Spannungen waren oft so groß, daß ich nicht darüber sprechen konnte. So zankten wir uns also: Ob man in der so ernsthaften ‹Zeit› Tony Armstrongs Bild der jungen hübschen Princess Anne bringen dürfe; um Formfragen bei der Neubesetzung der Magazin-Spitze, über eine Werbeanzeige für die ‹Zeit›, die ich sehr witzig fand, die Sie aber für Boulevard-Qualität hielten. Bei solchen Gelegenheiten haben Sie mir Ihren Rücktritt («... daß ich am 1. Mai ausscheide ...») und ich Ihnen die Zeitung angeboten («... daß ich unter solchen Umständen nicht mehr Verleger der ‹Zeit› sein will ...»). Nach dem letzten Streit fielen wir uns in die Arme und wußten gar nicht, was da eigentlich passiert war.»[114]

Mit Gerd Bucerius

Der Verleger hat sehr bald gespürt und dann nie daran gezweifelt, daß sie die Maßstäbe setzt, die ihrer beider Zeitung schließlich zu dem Blatt machen, dessen Bedeutung und Einfluß von Jahr zu Jahr wächst. Erst jetzt, 1957, erhält sie einen ordentlichen Redakteursvertrag. Bis dahin hatte sie sich geweigert, einen Vertrag abzuschließen: Sie wollte frei sein, jederzeit ihr Bündel zu schnüren.

Nach der «Rückgabe» der «Zeit» an Marion Dönhoff geht es mit der Zeitung stetig bergauf. Von Woche zu Woche steigt die Auflage – in den kommenden elf Jahren, bis sie 1968 Chefredakteurin wird, von knapp 50000 auf 250000 Exemplare pro Ausgabe. Chefredakteur ist von 1957 bis 1968 Josef Müller-Marein, ein Rheinländer von Geburt, der mit großer innerer Sicherheit die noch kleine Schar der Redakteure zusammenhält und sie in seine Sprachschule nimmt. Er ist ein begnadeter Reporter, der der Mannschaft Raum läßt für Experimente und ausgefallene Geschichten. Zudem hat er ein blendendes Verhältnis zum Verleger – *ihn hat Bucerius geliebt*, meint Marion Dönhoff.[115]

Die bestimmende Figur ist jedoch die «Gräfin», wie sie im Verlag vom Boten bis zum Ressortleiter genannt wird. Theo Sommer, ihr Nachfolger am Schreibtisch des Chefredakteurs, schreibt zu ihrem 70. Geburtstag: «Sie war immer das eigentliche Antriebsmoment [...]. Bei der Arbeit gewährte sie uns Leine und Auslauf: Keine Idee, die sie nicht der Diskussion gewürdigt hätte. Sie verstand es, unsere Phantasie zu wecken; sie bezog uns in die Verantwortung ein. Sie weckte Loyalität, weil sie selber stets loyal war. Intrigen und Ränke sind ihre Sache nicht, allenfalls ein kurzes Aufbäumen.»[116]

Mißfallen und Kritik bringt Marion Dönhoff leise vor, geradeheraus sind allerdings ihre Verdikte. Sogar dem selbstbewußten jungen Redakteur Sommer verschlägt es die Sprache, als ihn in Henry Kissingers Sommerseminar an der Harvard University ein Telegramm Marion Dönhoffs erreicht: *Sie sind zum Auslandskorrespondenten ganz und gar untauglich.* Ein Telegramm seines Kollegen Hans Gresmann tröstet Sommer: «Machen Sie sich nichts draus. Die Gräfin ist aus anderen Gründen sauer.»[117]

Professor Theodor Eschenburg, der Staatsrechtler und Politologe aus Tübingen, der regelmäßig die Redaktion besucht, ist beeindruckt von der Konferenz-Kultur der Zeitung. Marion Dönhoff «leitete mit äußerster Eleganz und größtem

Takt» die Konferenz. «Sie hatte den Vorsitz, ohne es den Chefredakteur merken zu lassen. Sie hat die ganze Thematik der kommenden Ausgabe im Kopf und die wichtigsten Vorgänge in Politik und Wirtschaft parat.»[118]

Marion Dönhoff hat eine sehr hohe Auffassung von dem Beruf des Journalisten, die geprägt ist von dem Wunsch und dem Willen, etwas bewirken zu wollen. Sie ist felsenfest davon überzeugt, daß die Menschen zwar nicht mit erhobenem Zeigefinger belehrt werden wollen, aber daß sie Orientierung wünschen. Beim Schreiben, sagt sie, darf der *Journalist* – und das ist ein *Dollpunkt* bei ihr – nie an sich selbst denken. *Er muß denken, daß es das Wichtigste ist, das Problem, das er vor sich hat, den Menschen klarzumachen. Manche spreizen ein Pfauenrad und denken: Wie schön habe ich das gesagt! Ich finde es wichtig, daß es gelingt, einen Gesichtspunkt überzubringen. Wenn man sich vorstellt, daß man da etwas schreibt, was dann in vierhunderttausend Exemplaren gedruckt wird. Mich hat eine Rotationsmaschine immer beeindruckt, weil ich immer dachte: Hast du auch wirklich keinen Fehler gemacht?*[119] Ihrer Ansicht nach sollte ein Journalist *ein Weltbild haben, in das er das, was passiert, einordnet und dementsprechend urteilt und analysiert und dann gegebenenfalls sagt: Hier geht es offenbar in die falsche Richtung.*[120]

> Wohin zeigt der Kompaß der Journalisten? Ich würde sagen: auf präzise Recherchen, Erforschung der Tatsachen, Gewissensprüfung und das Gemeinwohl.
>
> Marion Dönhoff

Sie macht es sich nicht leicht, einen Artikel zu schreiben, sei es Leitartikel oder Glosse. Wer schreiben will, muß lesen – Bücher, Zeitungen, Zeitschriften, so hält sie es selbst und verlangt es vom Kollegium. Wehe, wer «ungelesen» in der Redaktionskonferenz mitreden will. «Gibt es einen Tonfall, einen Autor, dem Sie nacheifern?» fragen sie jüngere Kollegen. Ihre Antwort: *Als Vorbild sozusagen? Nein, das habe ich nie gehabt, ich weiß nicht, ob aus einem gewissen Hochmut oder weil mir keiner so gefiel.*[121]

Der Zufall hat sie in ihrem zweiten Leben in die «Zeit» und in den Journalismus geführt, in einen Beruf, an den sie im Traum nie gedacht hat, auch wenn sie sich immer hat vorstel-

Redaktionskonferenz der «Zeit», Ende der sechziger Jahre: in der Mitte Marion Dönhoff, rechts neben ihr Theo Sommer, Diether Stolze und Jochen Steinmayr, links neben ihr Haug von Kuenheim und Hans Schueler

len können, Schriftstellerin zu werden. *Ich könnte ohne Schreiben gar nicht leben.*[122] Ist deshalb aber der Journalismus ein Traumberuf? wird sie gefragt. Immerhin hat sie zwei Anfragen in den fünfziger Jahren, in den Auswärtigen Dienst einzutreten, abgelehnt. *Da wäre ich sicherlich irgendwann Botschafter geworden. Doch ich habe keine drei Minuten überlegt. Es war für mich vollkommen klar, daß ich keine Lust haben würde, nicht meine Meinung in einem Bericht schreiben zu dürfen. Ein Beruf ist aber erst dann ein Traumberuf, wenn man eine bestimmte Decke durchstoßen hat. Als Sportredakteurin in der Provinz zu sitzen mag interessant sein, ist aber nicht sonderlich beflügelnd.*[122]

Die Maßstäbe und Vorstellungen, nach denen Marion Dönhoff ihre Artikel schreibt und nach denen sie ihre Zeitung ausrichtet, sind in ihr angelegt. Sie muß sie sich nicht erst aneignen. *Meine Begriffe, was ich tun möchte, sowohl als Mensch sozusagen in meinem ersten Leben oder als Journalistin im zweiten, kamen aus meinen eigenen Vorstellungen und weniger, weil ich sagte: Der ist es, so möchte ich auch werden.*[124]

In den sechziger Jahren in ihrem «Zeit»-Büro

Zwei Regeln sind ihr wichtig. *Der Journalist muß die Probleme rationalisieren und die Atmosphäre entemotionalisieren.*[125] Er muß kontradiktorisch wirken, also gegenhalten. *Wir müssen, wenn die Leute sich zuviel aufregen, sagen: «So schlimm ist es auch wieder nicht», und wir müssen anfeuern, wenn sie stumpfsinnig dasitzen und immer noch nicht kapiert haben, daß etwas ganz Unerhörtes vorgeht.*[126]

Investigativer Journalismus, der von der «Zeit», bis auf wenige Fälle, nicht gepflegt wird, ist ihr fremd. Informanten zu bezahlen, um einen Skandal aufzudecken, lehnt sie ab. Allerdings: *Wenn die Wahl darin bestünde, ob ein Sauhaufen zugedeckt bleibt oder aufgedeckt wird, dann würde ich schon sagen, er muß aufgedeckt werden. Von dem Moment an aber, wo ich weiß, da stinkt's, und nun bekommt ein Gericht die Akten, wäre mir das entschieden lieber, als wenn es ewig durch die Zeitungen geht.*[127]

Von der bunten und aufregenden Medienwelt mit ihren massenkulturellen Phänomenen im Film, in der Musik, in der Mode fühlt sich Marion Dönhoff weder berührt noch ausgeschlossen. Auch ein Bedürfnis, diese Welt zu begreifen, empfindet sie nicht. *Da bin ich eher hochmütig und sage: Gott sei Dank habe ich damit nichts zu tun. Bei diesen Massengeschichten, welcher Art auch immer, bin ich sehr skeptisch.*[128]

Auch über die Moden, mal langes Haar, mal kurzer Rock, in der Politik mal diesen fertigzumachen, mal jenen zu preisen, lächelt sie nachsichtig. *Das habe ich immer schrecklich gefunden. Ich hatte immer das Gefühl: Man hat einen Standpunkt, und dann ist es egal, was die anderen sagen.*[129]

Marion Dönhoff kommt nicht umhin, immer wieder die Frage zu beantworten, wie sie es geschafft habe, sich in einer Männerwelt wie der «Zeit» durchzusetzen. Alice Schwarzer, bekennende und praktizierende Feministin, Herausgeberin von «Emma», die ein vielbeachtetes Buch über ihre «große Kollegin» geschrieben und mit ihr Tage und viele Stunden in ausdauerndem Gespräch verbracht hat, bemerkt zu ihr etwas soupçonös: «Mit der Frauenfrage haben Sie sich in Ihrem Leben ja nicht gerade im Übermaß beschäftigt ...»[130] In der Tat, die Emanzipationsbewegung ist nicht ein Thema, das Marion Dönhoff auf den Nägeln brennt. Sie findet zwar Alice Schwar-

Vor ihrem Haus in Hamburg-Blankenese mit Porsche und Boxer Basra

zer *eine erstaunliche Person, sehr intelligent und mit großem Erfolg in diesem ganzen Bereich.* Sie anerkennt, was die «Emma»-Herausgeberin erreicht hat, auch wenn sie merkwürdig findet, daß diese auf einer Diskussionsveranstaltung den Männern die Mikrofone entrissen hat.[131] Und so antwortet sie auf die Frage nach ihrer Rolle in der Männerwelt: *Ich habe gar nichts gemacht. Ich habe halt Artikel geschrieben und mitdiskutiert, aber ich habe nichts gemacht, um dahinzukommen. Das war mir aber auch egal. Ich habe keine Machtgelüste.*[132]

Dem modischen Begriff der Selbstverwirklichung steht sie ebenso hilflos gegenüber. *Ich denke eigentlich nicht über mich nach.*[133] Als sie einmal mit drei Punks spricht, hält sie ihnen vor: *Ihr denkt immer über Selbstverwirklichung nach und darüber: «Was tut mir gut.» Ich bin noch nie, weder als junger Mensch noch als Erwachsener, darauf gekommen, über Selbstverwirklichung nachzudenken. Es gab immer Aufgaben, und die mußte man machen.*[134]

So versteht sie denn auch ihre Rolle in der «Zeit»: ihre Aufgabe zu machen.

Politisch prägen

DIE LEITARTIKLERIN

Marion Dönhoffs weites Feld, das sie in ihrer Zeitung unermüdlich beackert, ist die Außenpolitik. Dies ist ihre große Leidenschaft, die sich in Hunderten von Leitartikeln, Glossen, Reiseberichten und Artikeln niederschlägt. Die Spannbreite ihrer Themen reicht von England bis in die USA, von Rußland und Indien bis nach Südafrika. Auch ein bislang unveröffentlichter Briefwechsel mit dem Nestor der amerikanischen Diplomatie, George F. Kennan, zeugt von ihrer Passion.

Theo Sommer, der Redakteur, der ihr in der «Zeit» am nächsten steht und mit dem sie über viele Jahre am engsten zusammenarbeitet, charakterisiert ihre Herangehensweise an politische Vorgänge mit einem Zitat von Alexis de Tocqueville: «die Möglichkeiten, die Tatsachen mit den Ideen zu mischen». Die Erforschung der gegenwärtigen Ereignisse, so schreibt Sommer, «war für sie immer auch Festlegung in die Zukunft»[135]. Oder wie Helmut Schmidt es ausdrückt: «Sie denkt und schreibt immer zugleich unter dem weiträumigen Blickwinkel der geschichtlichen Perspektive und unter dem Aspekt der Aktualität.»[136]

Dies mag auch der Grund sein, daß der Herausgeber der Buchreihe «rowohlts deutsche enzyklopädie», Ernesto Grassi, Marion Dönhoff 1962 bittet, den Band «Die Bundesrepublik in der Ära Adenauer» mit ihren Artikeln über diesen Zeitabschnitt zu bestreiten und nicht die akademische Form einer wissenschaftlichen Abhandlung zu wählen.

Deutschland ist durch die weltpolitische Entwicklung nach 1945 von der Mitte Europas fort an die Peripherie geschoben worden, schreibt sie in der Einleitung zu dieser Enzyklopädie. *[...] In dieser Situation gab es für die Bundesrepublik nicht die Möglichkeit, eine Politik der Mitte zu betreiben, [...]. Die Bundesrepublik hat sich darum voll und ganz für den Westen entschieden. Das war kein ganz leichter Entschluß. [...] Vor allem aber – welche Schallmauer der Empfindungen mußte durchbrochen werden, um die Deutschen an den Gedanken der Wiederbewaffnung zu gewöhnen («ohne mich»)? Und wie oft stand die Frage auf: Verbauen wir uns nicht die Möglichkeit zur Wiedervereinigung, wenn wir uns so total und ausschließlich in den Westen integrieren?*[137]

Dies ist die Frage, die Marion Dönhoff bewegt, um die immer wieder ihre Analysen kreisen und die noch viele Jahre später, auch nach der Wiedervereinigung, für sie in der Rückschau eine Betrachtung wert ist: War der Spielraum der Politik wirklich so gering, daß die Entwicklung nur so und nicht anders hatte verlaufen können?

Es ist zwangsläufig, daß Marion Dönhoff sich an der Figur reibt, die jene Zeit beherrscht, an Konrad Adenauer. Über ihn spricht und urteilt sie äußerst kritisch. *Adenauer war für mich unheimlich schwierig, weil er so antipreußisch, antiöstlich und nur westlich war [...]. Er war froh, daß dieser Osten* [die Gebiete jenseits der Oder-Neiße] *weg war.* Sie fügt entschuldigend hinzu: *Vielleicht war das ein Vorurteil von mir.*[138] Zu Alice Schwarzer sagt sie: *Auch ich hatte Respekt vor ihm in den ersten Jahren. Der nahm dann nach und nach ab. [...]*[139]

Drei fundamentale Leistungen von Konrad Adenauer stellt Marion Dönhoff fest: die Integration der Bundesrepublik in die freie Welt; die Aussöhnung mit Frankreich einschließlich einer Lösung der Saar-Frage; und die Gründung der CDU, die beide großen Konfessionen vereinigt. Mit sicherem Instinkt, so urteilt sie, habe der erste Kanzler der Bundesrepublik dem deutschen Volk, das in den Augen der Welt zu einem Volk von Mördern geworden war, langsam, Schritt für Schritt, ein gewisses Vertrauen zurückgewonnen.

Er versucht, die Demontagen und Kohlelieferungen zu stoppen, und tut dies ohne nationales Pathos, mit Geduld und Würde. *Wir sehen, wie er mit unbeirrbarem Sinn den Deutschen das Gefühl für Richtung, Proportion und Maßstab wiedergibt. Den Deutschen, die durch die größte Katastrophe ihrer Geschichte verwirrt, desillusioniert, verzweifelt, nur noch von Angst und Ratlosigkeit beherrscht werden.*

Ebendiese Eigenschaften, die Adenauers Wirkung ausmachen, werden ihm schließlich auch zum Verhängnis, meint Marion Dönhoff, *die Gewißheit, den rechten Kurs zu kennen, und die von keinem Zweifel angekränkelte Entschlossenheit, diesen Kurs zu steuern, verwandeln sich in politische Phantasielosigkeit und in eine nicht zu übersehende Nichtachtung seiner Mitarbeiter.*[140] Die Ansichten anderer interessieren ihn nicht mehr.

Marion Dönhoff unterstützt die Politik Adenauers, die die Integration der Bundesrepublik in ein größeres Europa vorsieht, und auch die Aufstellung der Bundeswehr wird von ihr positiv begleitet. Sie selbst bringt den ehemaligen Panzergeneral Gerhard Graf Schwerin ins Spiel, als der englische Major Michael Thomas im Auftrag der Briten einen deutschen Militärsachverständigen sucht, der schließlich als Berater in Sicherheitsfragen beim Bundeskanzler fungiert.[141]

Auf dem Höhepunkt des Koreakriegs greift sie in die Debatte um die Wiederbewaffnung Deutschlands mit einem Leitartikel ein, der die Überschrift trägt: *Wir müssen wissen, was wir wollen! Die Alternative,* so schreibt Marion Dönhoff, *lautet nicht: Entscheide dich für den Frieden oder den Krieg – denn das steht jenseits unserer Macht –, sondern die Frage lautet: Wollen wir uns angesichts der drohenden Kriegsgefahr kampflos dem Schicksal ergeben, das die Ostzone 1945 fand: Verschleppungen, Vergewaltigungen, Zwangsorganisationen und Konzentrationslager, oder sind wir bereit, wenn es nötig wird, mit der Waffe in der Hand für unsere Freiheit zu kämpfen?*[142]

Mitten in der Debatte um die Aufstellung von deutschen Soldaten wendet sich der Führer der Sowjetunion im März 1952 mit einer Note an die Westmächte. In ihr schlägt Stalin vor, ein neutrales, wiedervereinigtes Deutschland zu schaffen. Adenauer hält die Note für ein Störmanöver, um die Unterzeichnung des Deutschlandvertrages zu verhindern, die Bonn gegen den Eintritt in die Nato die Souveränität eintragen soll. Trotz eines intensiven Notenwechsels, der sich bis in den September hinstreckt, geht der Westen auf den Vorschlag Stalins nicht ein.

Marion Dönhoff schiebt die Hauptschuld Konrad Adenau-

Demonstration gegen die Wiederbewaffnung in München, 1955

er zu. Sehr viel später schreibt sie, als amerikanische und britische Geheimakten belegen, daß der Bundeskanzler ungeprüft die Verhandlungen mit Moskau ablehnte: *Konrad Adenauer in seinem Preußenhaß war entschlossen, nach dem Zusammenbruch des Deutschen Reiches eine Wiederbelebung der traditionell dominierenden Stellung Preußens für immer zu verhindern. Seine Devise hieß: «Berlin darf nie wieder Hauptstadt werden.»*[143]

Nach ihrer Meinung hätte eine *schöpferische Phantasie* nie Ruhe geben dürfen, um auszuloten, ob eine aktive Politik die Wiedervereinigung Deutschlands nicht doch befördert hätte. *Unseligerweise aber hatten sich bei uns sehr früh zwei doktrinäre Lager gebildet, die beide ihre Aufgabe – ihre moralische Pflicht – darin sahen, in allen Stürmen der Veränderung an ihren Glaubensbekenntnissen festzuhalten. Die einen schworen auf die «starke Poli-*

tik», also rüsten und abschrecken und auf keinen Fall miteinander reden [...]; das Credo der anderen hieß in ebenso simplifizierender Ausschließlichkeit, wir dürfen auf keinen Fall aufrüsten oder gar der Nato beitreten, das reizt nur die Russen, [...].

Jener pseudotheologische Wettstreit zwischen den kalten Kriegern und den Entspannungsgläubigen, der das Ganze zu einer moralischen Frage werden ließ, bei der es nicht um Alternativen und Kompromisse geht, sondern um die reine Wahrheit, verhinderte, daß man, was doch das Natürliche gewesen wäre, aus beiden Auffassungen eine je nach dem Erfordernis der Situation vernünftige Mischung hergestellt hätte: Rüsten und reden oder Druck machen und Vorschläge unterbreiten.[144]

Ihr Credo, das sich in der Folge, von Mitte 1953 an, in ihren Beiträgen in der «Zeit» niederschlägt: Nur eine sinnvolle Kombination von Stärke und Verhandlungsbereitschaft bringt Bewegung in die Bonner Außenpolitik gegenüber Moskau. Drei Monate nach dem Tod Stalins und wenige Tage vor dem Volksaufstand in der DDR am 17. Juni 1953 schreibt sie: *Jetzt ist der Moment, wo vielleicht wieder einmal wirkliche Politik gemacht werden kann.*[145] Beide Taktiken sollten jetzt gemeinsam angewandt werden: Druck ausüben und gleichzeitig verhandeln. Es war das erste Mal, daß diese Meinung so klar in der «Zeit» vertreten wurde.

Eine Woche später beherrscht der 17. Juni die Schlagzeilen. Für Marion Dönhoff steht fest, daß dieser Tag in die deutsche Geschichte eingehen wird als ein *großer, ein symbolischer Tag. Er sollte bei uns jetzt schon zum Nationaltag des wiedervereinten Deutschlands proklamiert werden.*[146] Drei Wochen später wird dieser Tag als «Tag der deutschen Einheit» zum Feiertag in der Bundesrepublik erklärt. Die Wiedervereinigung hat er nicht überlebt, er wird vom 3. Oktober, dem Tag des Beitritts der DDR zur BRD, abgelöst. «Der 17. Juni war und ist, seit 1989 erst recht, für immer ein Anlaß stillen deutschen Stolzes», schreibt der Historiker Arnulf Baring, und er befindet sich mit Marion Dönhoff im Einklang, wenn er den 20. Juli 1944 das andere große erinnerungswürdige Ereignis der jüngsten deutschen Geschichte nennt.[147]

17. Juni 1953, Berlin: Sowjetische Panzer werden gegen protestierende Arbeiter eingesetzt

Es ist ferner offenbar geworden, schreibt Marion Dönhoff 1953, *daß mit dem richtigen Instinkt für die Schwächemomente des totalitären Regimes man selbst diesem schwere Schläge versetzen kann [...]. Und schließlich ist für alle noch eines ganz eindeutig klar geworden, daß nämlich jetzt die Einheit Deutschlands die wichtigste Etappe in der weiteren politischen Entwicklung sein muß. [...] Der 17. Juni hat unwiderlegbar bewiesen, daß die Einheit Deutschlands eine historische Notwendigkeit ist. Wir wissen jetzt, daß der Tag kommen wird, an dem Berlin wieder die Hauptstadt ist.*[148]

Retrospektiv betrachtet, stellt man meist nur noch Eintritt und Verlauf der Ereignisse fest; die Emotionen, die sie zu ihrer Zeit auslösten, das, was auf dem Spiel stand, verlieren sich im Lauf der Zeit. Der 17. Juni wird schließlich, von Jahr zu Jahr mehr, nur noch als ein arbeitsfreier Tag gesehen, der zum Besitzstand der Arbeitnehmer gehört. Was er aber wirklich bedeutete, wird an jenem Artikel von Marion Dönhoff klar. Zwar gerät die «Zeit» in den kommenden Jahren in den Ruf, die Wiedervereinigung abgeschrieben oder doch in eine geschichtsferne Zukunft gerückt zu haben. Marion Dönhoff kann indes darauf verweisen, daß sie ihren Glauben an die Einheit nie verloren – *Glauben ist der höchste Grad der Gewißheit* – und nie daran gezweifelt hat, daß es eines Tages, in welcher Form auch immer, ein vereintes Deutschland geben wird.[149]

Der Herbst 1955 beschert Deutschland ein Ereignis, das das ganze Land bewegt: Die letzten zehntausend Kriegsgefangenen aus sowjetischen Lagern kommen frei. Vorausgegangen war ein Besuch des Bundeskanzlers in Moskau. Der Kreml möchte mit ihm über die Aufnahme diplomatischer Beziehungen verhandeln, während es der deutschen Seite um einen Terminkalender für die Wiedervereinigung geht. Mit Adenauer reist ein Pulk von Journalisten, Marion Dönhoff ist dabei.

Die Verhandlungen zwischen Kanzler und Kreml gestalten sich schwierig und drohen zu scheitern. Marion Dönhoff telefoniert unter dem Druck des Redaktionsschlusses ihren Artikel nach Hamburg, in dem sie das Scheitern der Gespräche feststellt.[150] Während in Hamburg die Rotationsmaschinen anlaufen, kommt es in Moskau zu einer Einigung: Die Kriegsgefangenen kommen frei, Botschafter werden ausgetauscht. Marion Dönhoff bewertet diesen Handel in der darauffolgenden Woche äußerst kritisch und spricht von einem *Umfallen* des Kanzlers, der doch immer erklärt habe, es gäbe kein zweites Deutschland. *Die Herstellung diplomatischer Beziehungen ist doch das einzige, was wir zu vergeben haben und was den Sowjets wirklich ungemein wichtig ist. Mußte man da nicht ganz grundsätzlich sagen: Diese Konzession nur im Austausch gegen das, was uns am wichtigsten ist, gegen einen Terminkalender für die Wiedervereinigung?*

Aber Marion Dönhoff sieht auch, daß Konrad Adenauer in einer Situation stand, die ohnegleichen war. *Vielleicht auch die unausweichliche Entscheidung in einer tragischen Situation, nachdem das Angebot – Kriegsgefangene gegen diplomatische Beziehungen – erst einmal ausgesprochen war.*[151] «Daß es in letzter Minute dennoch ein positives Ergebnis gegeben hat, ist ein Umstand, mit dem viele der westdeutschen Zeitungsleute schwer fertig werden», schreibt Hans Ulrich Kempski. «Sie machen lange

| 1955 | 1956 | 1961 |

Gesichter. Es liegt auf der Hand, was manche bedrückt. Sie empfinden, nachdem sie tagelang das Scheitern der Verhandlungen vorausgesagt haben, professionelle Beschämung.» [152]

Nachdem der Artikel mit der harschen Kritik Marion Dönhoffs an der Moskauer Konferenz erschienen ist, erhält sie einen knappen Brief vom Bundeskanzler mit der Bitte, ihn bei ihrem nächsten Besuch in Bonn aufzusuchen: «Ich würde gerne einmal mit Ihnen über die ganze Frage sprechen.» Der Besuch kommt schließlich nicht zustande, denn Adenauer wird krank und kommt auf seine Bitte später nicht zurück; vielleicht weil er sieht, daß seine Moskau-Reise in der deutschen Öffentlichkeit eine durchweg positive Resonanz findet. *Alle Welt sprach von den heimkehrenden Kriegsgefangenen – die Wiedervereinigung wurde überhaupt nicht erwähnt.* [153]

Zu den Themen, die die Ressortleiterin für Politik in ihrer Zeitung immer wieder aufgreift, gehört Berlin. Adenauer, so unterstellt sie, sei kein Freund dieser Stadt an der Spree, die er stets nur widerwillig aufgesucht habe und aufsucht. Es sei eine heidnische Stadt, soll er gesagt haben, *[...] die er nie hatte leiden können* [154]. Für sie ist dies sicher ein Grund mehr, sich für Berlin einzusetzen. Ende November 1956 fordert sie einen *Baustopp für Bonn.* Und sie beantwortet die Frage, warum das Provisorium am Rhein nicht noch länger dauern darf. *Weil etwas geschehen muß, wenn dieses Deutschland nicht für immer ein Krüppel bleiben soll. Weil uns nichts als Geschenk in den Schoß fallen wird, [...] weder die Wiedervereinigung noch der Umzug in die Hauptstadt. Die Wiedervereinigung hängt nicht von uns ab, der Umzug nach Berlin aber setzt immer einen Entschluß voraus, bedeutet immer Mühsal und Risiko. Je länger der Entschluß hinausgeschoben wird, desto größer wird das Beharrungsvermögen des Provisoriums, [...]. Berlin ist die Klammer, die an der Nahtstelle beide Teile Deutschlands zusammenheftet, [...].* [155]

Gute vier Jahre später, im März 1961, macht sie den Vorschlag, die Vereinten Nationen an die Spree zu verlegen. Als Reaktion auf den labilen Status der Stadt nach dem Chruschtschow-Ultimatum regt sie an, West-Berlin den Status einer freien Stadt zu geben. Sie beginnt ihr Plädoyer mit dem für sie typischen Satz: *Gibt es eigentlich Probleme, die unlösbar sind? Oder kann man sich vorstellen, daß auch das vertrackteste Problem irgendwann einmal bewältigt werden wird, vielleicht sich sogar von selber löst?* Sie hält sich nicht mit Einzelheiten auf, ob Berlin von der UN verwaltet werden müßte oder ob die Stadt ähnlich der Vatikanstadt ein eigener Staat ist, der der UN Gastrecht gewährt. Sie will nur anregen, ihre Idee zu prüfen. *Denn soviel steht fest: Auch wir müssen wie jene in Washington alles von neuem überdenken und prüfen. Die Zeiten, in denen der gewann, der am starrsten am Alten festhielt, sie sind vorbei.*[156]

Im September 1957 gewinnt Konrad Adenauer mit dem Slogan «Keine Experimente» bei den Bundestagswahlen die absolute Mehrheit für die Union. Er wird zum dritten Mal

Wahlplakat, 1957

Bundeskanzler. In ihrem Leitartikel *Gerichtstag nach der Wahl* macht sie einen Vorschlag, der viele überrascht, aber typisch für Marion Dönhoff ist, weil er alle parteipolitischen Zwänge außer Betracht läßt und sich für das schlicht Vernünftige stark macht. *[...] die CDU, die den Sieg verdient hat, hat die Möglichkeit, eine Brücke zu schlagen und zu beweisen, daß sie den Staat nicht als ihr Besitztum betrachtet: Ein Mann der SPD ist gewählt worden, weil er sich als Persönlichkeit und nicht als Parteifunktionär bewiesen hat: Professor Carlo Schmid, der als einziger im Lande Baden-Württemberg sein Mandat in direkter Wahl und dabei 6000 Stimmen mehr erhielt als seine Partei. Was hindert uns daran, ihn an die Spitze des Staates zu stellen, wenn im nächsten Jahr der Bundespräsident neu gewählt werden muß – und leider nicht mehr Theodor Heuss heißen wird. Carlo Schmid wäre ein großartiger Präsident. Wir sind für ihn. Wer ist es noch?* [157]

Die Ära Adenauer neigt sich ihrem Ende zu. Ein Immobilismus breitet sich in Gesellschaft und Politik aus, der Marion Dönhoff wachsende Ungeduld spüren und sie ärgerlich bis zornig werden läßt. Deshalb ist ihre Erleichterung groß, als «der Alte» verkündet, sein Amt in die Hände Ludwig Erhards zu legen und statt dessen für die Nachfolge im Amt des Bundespräsidenten zu kandidieren. *Niemand hätte dem Bundeskanzler die Elastizität zugetraut, [...] gewissermaßen aus heiterem Himmel den Entschluß zu fassen, sein Amt in Frage zu stellen; [...].* [158]

Ein paar Wochen später widerruft Konrad Adenauer seine Ankündigung. Jetzt geht Marion Dönhoff mit ihm gnadenlos ins Gericht. *Mit dem Volke spielt man nicht* heißt ihr zornerfüllter Artikel. Von einem *Trümmerhaufen* schreibt sie, den der Kanzler angerichtet habe, von seiner *Menschenverachtung,* von *Staatskrise* und von einer *Nichtachtung der Demokratie.* Den Abgeordneten des Bundestages redet sie ins Gewissen: *Die Staatsraison der Demokratie verlangt nicht, daß die Repräsentanten des Volkes durch dick und dünn zum Regierungschef stehen, sondern daß sie dort rebellieren, wo sich Ansätze von Willkür zeigen und die Institutionen der Republik nicht respektiert werden.* [159] Konrad Adenauer bleibt Kanzler, Nachfolger von Theodor Heuss wird am 1. Juli 1959 Heinrich Lübke.

Der von Marion Dönhoff vielfach beklagte Immobilismus nimmt in den letzten Jahren der Adenauer-Ära zu, sowohl in der Innen- wie der Außenpolitik. *Sind wir vorbereitet auf die Dinge, die da kommen?* fragt sie in ihrem Artikel *Des deutschen Michel Schlaf*, den sie vierzehn Tage vor dem Bau der Berliner Mauer schreibt.[160] Als Reaktion auf die andauernden Nadelstiche der Sowjets gegen West-Berlin, die die Krise um die Stadt verstärken, beruft Präsident Kennedy 150 000 Reservisten ein, was nach seinen Worten für viele Familien eine erhebliche Belastung bedeutet, «aber dies sind Lasten, die getragen werden müssen, wenn die Freiheit verteidigt werden soll»[161].

Marion Dönhoff nimmt seine Rede zum Anlaß für eine Reihe von Fragen. *Man kann sich nicht erinnern, ähnliche Worte in der Bundesrepublik gehört zu haben, obgleich die Berlin-Frage doch in erster Linie uns angeht. [...] Es ist traurig: Während die großen Schicksalsfragen unserer Geschichte entschieden werden, schläft das Volk wie einst die Jünger in Gethsemane. [...] Sind wir wirklich unter den Trümmern des zusammenbrechenden Reiches übriggeblieben, um jetzt Bilanzen zu lesen und uns in einem Stück unserer Heimat [...] häuslich einzurichten mit Stilmöbeln, Gartenzwergen und Volkswagen? [...] Und die Nation wurde in zwei Teile geteilt, und der eine Teil wurde von den Siegern geknechtet und versklavt. Und der andere Teil, dem gaben die Sieger die Devise auf den Weg: freie Bahn dem Tüchtigen. Und die Tüchtigen gelangten sehr weit auf ihrem Wege: die Bankkonten schwollen an, die Konzentration in der Wirtschaft nahm zu, das Gesetz der großen Zahl beherrschte alles. Jedes Jahr wurden die Zahlen vom Vorjahr überboten: die Wachstumsraten verdoppelten sich, die Zahl der Auslandsreisen verdreifachte sich, die Summe der Bücher auf der Frankfurter Messe vervierfachte sich, der Bierkonsum auf der Oktoberwiese verfünffachte sich ... Aber das Sattsein lehrte nicht erkennen. Deutsche Geschichte der letzten 25 Jahre – niemand denkt mehr an sie. Und jetzt, was kommt jetzt? Wie viele Leute gibt es im Lande, die diese Frage am Schlafen hindert? Ach, sie alle schlafen vorzüglich!*[162]

Der Philosoph Karl Jaspers, mit dem Marion Dönhoff einen intensiven Briefwechsel pflegt, beglückwünscht sie zu ihrem «großartigen Leitartikel». «Alles ganz richtig», schreibt er, «vortrefflich gesagt, beschwörend. Aber wie ich, ‹ein Philosoph am Rande›, oft geneigt bin: ich war am Ende doch nicht befriedigt. Sie sprechen von Schlaf, aber Sie machen keinen Versuch zu erwecken. Dazu gehört ein Schrei, dessen Inhalt erzittern macht, und die Wiederholung des Schreis in immer neuen Formen. Wenn Klyteimnestra schon die immer wachen Erinnyen, die im Tempel einen Augenblick eingeschlafen sind, in dem ihnen Orestes entkam, kaum wecken konnte, wieviel schwerer ist der deutsche schlafende Michel zu wecken, dessen tiefes Bedürfnis doch immer ist, weiterzuschlafen.» Jaspers setzt entschuldigend hinzu: «Aber der Vergleich ist geschmacklos und schief, und was mute ich Ihnen zu!»[163]

Eine Woche nach Erscheinen des Artikels, Sonntag früh am 13. August 1961, hört Marion Dönhoff in den Rundfunknachrichten, daß sowjetische Truppen um und in Berlin zusammengezogen werden. Sie klingelt ihren Kollegen Theo Sommer aus dem Bett, beide fliegen mit der nächsten Maschine nach Tempelhof. Sie erleben, wie die Panzer am Potsdamer Platz und am Brandenburger Tor auffahren, sehen, wie Kampfgruppen ausschwärmen, wie Volkspolizisten Asphalt aufreißen, Betonpfeiler in den Boden rammen und Stacheldraht quer durch die Stadt ziehen.

Der Artikel, den sie am nächsten Tag schreibt, ist nicht frei von Pathos und spiegelt die Ohnmacht wider, untätig dem Geschehen zusehen zu müssen. Im September wird der Bundestag gewählt, Marion Dönhoff hält es für absurd, daß in dieser Situation Wahlkampf geführt wird: *Die Parteien müssen jetzt gemeinsam nachdenken und sich nicht gegenseitig bekämpfen. Zwei Minuten Arbeitsruhe ist nicht genug. Protestmärsche der Gewerkschaften müßten in Hamburg, im Ruhrgebiet, in der Pfalz stattfinden, Demonstrationen der Bevölkerung, Unterschriftensammlungen in der Arbeiterschaft. [...] Warum wird die UN nicht angerufen? [...] Ist nicht das simpelste, das letzte aller Menschenrechte das Recht auf ungehinderte Flucht?*[164]

Ein Jahr später, im Oktober 1962, erschüttert die «Spiegel»-Affäre das Land und bestätigt das Bild, das Marion Dönhoff von Konrad Adenauer hat: einen Mann, der die Zeichen

«Spiegel»-Herausgeber Rudolf Augstein nach seiner Verhaftung, 1962

der Zeit nicht mehr versteht. Der «Spiegel» gehört nicht zu Marion Dönhoffs bevorzugter Lektüre. Das Nachrichtenmagazin, das in den Stockwerken über der Redaktion der «Zeit» im Hamburger Pressehaus residiert, ist ihr oft nicht seriös genug. Sie ist dagegen angetan von der intellektuellen Brillanz seines Herausgebers Rudolf Augstein, der wiederum sie bewundert und liebt. Marion Dönhoff und ihr Verleger Gerd Bucerius zögern keinen Augenblick, um den Redakteuren des «Spiegels» ihre Räume anzubieten, damit das Magazin erscheinen kann, denn in beiden Etagen des «Spiegels», auch in seiner berühmten Dokumentation, wird nach belastendem Material gesucht.

Adenauer läßt sich zu unhaltbaren Verdächtigungen hinreißen: Die Exekution gegen den «Spiegel» sei notwendig, denn es handele sich um einen «Abgrund von Landesverrat». Die Öffentlichkeit ist aufgewühlt; allerorten demonstrieren Menschen für die Pressefreiheit, vielleicht auch, weil nach dreizehn Jahren CDU-Herrschaft der natürliche Verbündete gegen staatliche Willkür die Presse ist, wie Marion Dönhoff im Rückblick auf die turbulenten Wochen im Herbst 1962 meint.[165]

In einer für sie ungewöhnlichen Schärfe stellt Marion Dönhoff den Verfall politischer Moral in Bonn fest. Ihr Leitartikel zur «Spiegel»-Affäre trägt die Überschrift: *Wer denkt noch an den Staat?* Er beginnt mit dem Satz: *Nein und abermals nein: So haben wir uns das neue Deutschland nicht vorgestellt. Dieses neue Deutschland, von dem man doch annehmen konnte, daß es mit mehr Ernst, größerer Integrität und geschärftem Bewußtsein für Verantwortung und geschichtliche Perspektiven aufgebaut und geleitet werden würde. So nicht.*

Sie zitiert eine Anekdote, nach der ein hoher Beamter im alten Preußen auf seinem Sterbebett gefragt worden sei, woran er denke. Die Antwort des Sterbenden: «An den Staat.» Und die Leitartiklerin fragt: *Wer aber denkt heute noch an den Staat? Wem sind die Institutionen noch wichtig in einer Zeit, in der sich alles um individuelle Sicherheit, Wohlstand und persönliches Glück dreht? In einer Zeit, in der der Lebensstandard zum Angelpunkt aller Dinge geworden ist?* Sie geht mit Konrad Adenauer ins Gericht, der Rudolf Augstein vorverurteilt – rechtsstaatliche Bedenken scheinen seinen *Schlaf* nicht zu *beschatten*.[166]

Und noch einmal fährt sie Konrad Adenauer heftig in die Parade. Kurz nachdem der Kanzler und der französische Präsident General de Gaulle im Januar 1963 im Pariser Élysée-Palast den Deutsch-Französischen Vertrag unterzeichnet haben, läßt der Franzose die Verhandlungen über den Beitritt Englands zur Europäischen Wirtschaftsgemeinschaft in Brüssel scheitern. *Ein schwarzer Tag,* klagt Marion Dönhoff, voll Zorn über Adenauer, dessen Politik der Westbindung sie gegen alle Widerstände mitgetragen hat: *Dreizehn Jahre lang hat er gegen alle Opposition mit großer Geduld und Konsequenz die Bundesrepublik ins Lager des Westens gesteuert und dort vertäut, ohne Rücksicht auf die*

Wiedervereinigung, die, wie manche meinen, für eine Neutralisierung Deutschlands zu haben gewesen wäre. So setzte er die westliche Gemeinschaft vor die Wiedervereinigung, und nun opfert er diese Gemeinschaft um der Freundschaft willen, die ihn mit General de Gaulle verbindet.[167]

In jenen Jahren, als «Gaullisten» und «Atlantiker» sich über den richtigen Kurs in der Außenpolitik streiten, ist Marion Dönhoff eine fervente Anhängerin der Atlantiker – *Ohne die Großmacht USA sind wir verloren,* meint sie. Sie unterstellt, daß de Gaulle das alte Spiel vorführt, die Nationen gegeneinander auszuspielen, und hadert mit dem Kanzler, daß er dabei dem General zu willfährig sei, ihm gegenüber zuwenig Distanz und Skepsis zeige. *Wenn die Nation wieder als der Mittelpunkt der Welt, als das Zentrum aller geistigen und seelischen Kräfte angesehen wird, dann bleiben wenig Impulse übrig für die Integration oder irgendeine Form einer höher organisierten Gemeinschaft,* ist ihr Fazit, mit dem sie das Kapitel de Gaulle – Adenauer abschließt.[168]

Marion Dönhoff ist sich im klaren darüber, daß sie – ähnlich wie Rudolf Augstein – den ersten Patriarchen der Bundesrepublik kritischer und problematischer sieht, als er gewöhnlich geschildert wird. Von ihrem Urteil über ihn hat sie auch vierzig Jahre später nichts zurückzunehmen – während ihr Kollege Theo Sommer heute meint, Adenauers Bild beginne sich zu verklären: «In der Geschichte widerfährt dies nur den wahrhaft Großen.»[169] Dem widerspricht Marion Dönhoff. Ihr Bild von Konrad Adenauer verklärt sich nicht. Es schwankt heute wie damals zwischen Bewunderung und Abwehr. *Nein, nicht Abscheu, das wäre zu emotional.*[170]

Von Adenauers Nachfolger Ludwig Erhard hält Marion Dönhoff nicht viel. Sie ist anfangs sogar davon überzeugt, daß er mit der Freigabe aller Preise, der Aufhebung des Bezugsscheinsystems Deutschland noch weiter in den Ruin treiben könnte. Sie, die als Journalistin viele richtige Prognosen gewagt hat – Entspannung statt Abschottung, Rüsten und Reden, kein Bürgerkrieg in Südafrika –, irrt in der Beurteilung der Erhardschen Wirtschaftspolitik. Nach einer Pressekonferenz, auf

Konrad Adenauer und Ludwig Erhard im Plenarsaal des Bundestags

der Ludwig Erhard sein Programm skizziert, steht ihr Urteil fest: *Das wäre nach Hitler und der Zerstückelung Deutschlands die dritte Katastrophe.*[171]

Zu jener Zeit ist ihr dringendster Wunsch ein Koffer – sie will endlich ihre Pappschachteln loswerden. Im Schaufenster auf dem Hamburger Jungfernstieg steht einer und kostet 400 Deutsche Mark. Ihr Gehalt: 600 Mark. Hans Zehrer, der spätere Chefredakteur der «Welt», rät ihr, ihn zu kaufen, weil Waren knapp seien und alles nur teurer werden könne. Marion Dönhoff kauft ihn. Dreißig Jahre lang begleitet das unverwüstliche Stück sie auf ihren Reisen durch die Welt. Zehrer behält übrigens nicht recht – Koffer gibt es auch in Zukunft viele, und sie werden eher billiger.

Die Große Koalition, die Erhard nachfolgt, betrachtet sie positiv im Gegensatz zu ihren Kollegen in der «Zeit», die diese «zähneknirschend» begleiten.[172] Sie benutzt einen Vergleich aus der Landwirtschaft, wo sie ja herkommt: *[...] offenbar muß dem deutschen Volk die SPD erst einmal zweispännig, also zusammen mit dem bewährten Führpferd, der CDU, vorgetrabt werden, ehe das Publikum es für möglich hält, daß man auch mit den Sozialisten ganz gut fahren kann.*[173] Doch sie äußert Vorbehalte gegenüber dem Kanzlerkandidaten der CDU, Kurt Georg Kiesinger, unter der Überschrift *Kein Parteigenosse als Kanzler!* Sie bedrückt die Vorstellung, daß jetzt jemand an die Spitze der Regierung in Bonn berufen werden soll, *der sich formal vom ersten bis zum letzten Tag mit dem Tausendjährigen Reich identifiziert hat oder mindestens sich von ihm nicht sichtbar distanzierte*[174]. Am Ende der Großen Koalition nach drei Jahren zieht sie eine positive Bilanz, wobei sie der von Willy Brandt in Gang gesetzten Entspannungspolitik einen besonders hohen Stellenwert einräumt. *Die Bundesrepublik ist in diesen letzten drei Jahren ein großes Stück weitergekommen.*[175]

> Ich sehe für die Wochenpresse durchaus eine Marktnische, und ich sehe unsere Aufgabe ganz klar: Zu sagen, was ist; zu sagen, was es bedeutet; und zu tradieren, was es an intellektueller, künstlerischer und politischer Kultur gibt, um so die Fähigkeit zu perspektivischem Denken in unserem Gemeinwesen zu erhalten.
>
> **Theo Sommer, Chefredakteur der «Zeit», in einem Vortrag an der Ruhr-Universität in Bochum, 1979**

Fünf Jahre vorher, im März 1964, reist Marion Dönhoff zusammen mit ihren Kollegen Rudolf Walter Leonhardt, Chef des Feuilletons, und Theo Sommer in die DDR. Ihre Berichte und Reportagen erscheinen in einem Sammelband, «Reise in ein fernes Land», der, wie Alfred Grosser meint, «zur Zeit seines Erscheinens ein mutiges Buch» ist, denn zum erstenmal zeigte es den Bürgern der Bundesrepublik, «wie verzerrt oder wie leer bis dahin ihre Vorstellung vom anderen Deutschland gewesen war»[176]. Das Fazit ihrer Reise faßt Marion Dönhoff zusammen: *Keine Anerkennung der DDR, aber auch nicht diese geradezu hysterische Angst vor ihrer «Aufwertung». [...] Darum: Viel mehr Kontakte, [...] und immer wieder Diskussionen.*[177]

Sie glaubt an die Wiedervereinigung, doch «vaterländische Emotionen» sind ihr, wie Karl-Heinz Janßen in seiner «Zeit»-Geschichte schreibt, fremd. «Im kleinen Kreise jedoch», so berichtet er, «läßt auch die Herausgeberin Gräfin

Abreise zu einer Tagung der Körberstiftung nach Leningrad, 1967.– V. re. n. li.: Kurt A. Körber, Eugen Kogon, Marion Dönhoff, Günter Grass, Theo Sommer, Gisela Stelly und (mit dem Rücken zum Fotografen) Rudolf Augstein

Dönhoff untergründig Hoffnungen aufblitzen, die sie schon aus Gründen diplomatischer Klugheit nie öffentlich geäußert hätte: Vielleicht würden Willy Brandt und Egon Bahr – er zählt zum Freundeskreis der ‹Zeit›-Autoren – ja doch über ihre Politik des Wandels durch Annäherung die Wiedervereinigung erreichen.»[178]

Als schließlich die Wiedervereinigung kommt, schmälert sie nicht die Rolle Helmut Kohls, doch ist sie unschlüssig, wie er wohl in der Geschichte bewertet werden wird. *Zweifellos hat er große Verdienste, aber er hat auch lang fortwirkende Fehler begangen, vor allem bei der Einigung Deutschlands, die in mancher*

Hinsicht als seine größte Leistung angesehen wird. Falsch war es, den einmaligen, großen Aufbruch, die Hochstimmung, die sich damals aller Deutschen bemächtigte, nicht für eine sinnvolle Transformation ganz Deutschlands zu nutzen, sondern lediglich eine Anpassung des Ostens an den Westen vorzunehmen [...]. Es stimmt, der Bundeskanzler hat die Gelegenheit, die sich bei einem Treffen mit Gorbatschow im Kaukasus bot, zielsicher am Schopf ergriffen, aber ich glaube, daß sich die Interpretation dieses Geschehens mit der Zeit anders darstellen wird.[179] Für sie bleibt Gorbatschow der wahre Held, der weitsichtig erkannte, daß das kommunistische System am Ende war, und für den es darum ging, *einen Konsens mit Deutschland zu finden, um das Schlimmste zu verhindern*[180].

Aussöhnen und Verzichten

Die Fürsprecherin des Ostens

Mikolajki ist ein malerischer Ort im Masurischen. Früher hieß er Nikolaiken. Hier machte Marion Dönhoff Rast, als sie mit ihrer Cousine Sissi Lehndorff im Herbst 1941 von Allenstein nach Steinort ritt. In dem halben Jahrhundert seither hat sich der Ort nicht sehr verändert. Rings um den Marktplatz stehen immer noch die kleinen Häuser, und nicht weit davon liegt das große rote Backsteingebäude, das schon immer eine Schule war.

Ende Mai 1995. Für die Schule – ein kleines Gymnasium – ist es ein besonderer Tag. Sie wird von nun an den Namen Marion-Dönhoff-Schule tragen. Die Abiturienten begrüßen die Namenspatronin mit Handkuß oder Knicks, und diese, unsentimental, wie es ihre Art ist, bedankt sich: *Natürlich bin ich stolz auf diese persönliche Ehrung, aber vielleicht noch wichtiger ist mir diese Entscheidung als Zeichen der Versöhnung zwischen Polen und Deutschen.*[181]

Begonnen hatte die masurische Liebesgeschichte im Mai 1991 mit vierzehn Zeilen in der «Zeit». *In Polen wächst das Interesse an deutscher Sprache und Kultur. Es mangelt jedoch an Deutschlehrern.*[182] Frank Dombrowski, studierter Pädagoge und Romanist, ein gebürtiger Königsberger, meldet sich. Aus seinem einen geplanten Jahr an der Schule in Masuren werden schließlich zwei, drei – heute ist er dort heimisch geworden. Jahr für Jahr fährt Marion Dönhoff nach Mikolajki zur Abiturfeier. Die Honoratioren des Ortes arrangieren eine kleine Dampferpartie über den Spirdingsee und schippern mit ihr vorbei an Wiesba, wo die beiden Reiterinnen in jenem Herbst mit ihren «stampfenden und schnaubenden» Pferden über den Baldahn-See auf einer laut tuckernden Fähre übersetzten – für 85 Pfennig. Auch heute noch tuckert hier eine Fähre. Diesmal verteilt Marion Dönhoff die Abiturzeugnisse und mahnt

Der Abiturienten-Jahrgang 1998 der Marion-Dönhoff-Schule in Mikolajki, dem früheren masurischen Nikolaiken, Polen

in einer kleinen Ansprache die Abiturienten zur Toleranz: *Vielleicht werden Sie mich fragen, was mir als geistige Einstellung für die Zukunft am wichtigsten erscheint. Ich denke, ihr müßt vor allem versuchen, tolerant zu sein – denn wer wirklich tolerant ist, der wird nicht in Haß verfallen und darum auch nicht versucht sein, Gewalt zu üben. [...] Er wird keine neuen Feindbilder erfinden, mit denen der Gegner verunglimpft wird. Wenn es Ihnen gelingt, wirklich tolerant zu sein, dann haben Sie viel für Ihr Vaterland geleistet.*[183] Das Lyzeum in Masuren ist die erste und einzige polnische Schule, die nach einer Deutschen benannt wird. Eine zweite, die deutsche Schule in Warschau, trägt den Namen Willy Brandts.

Für Marion Dönhoff ist von 1953 an klar, daß mit dem Osten geredet werden muß. *Reden und rüsten* ist ihre Devise, die sie ohne Abstriche in ihren Artikeln verfolgt. *Schließlich leben wir in der Mitte Europas. Wir sind eigentlich der Westen des Ostens und der Osten des Westens, wir können uns nicht von einer Seite isolieren; [...].*[184] Zudem ist sie überzeugt, daß der Westen die besseren Karten hat – einen höheren Lebensstandard und die größere individuelle Freiheit – und sich daher dem Osten nicht verschließen darf. Das ist keineswegs so selbstverständlich, denn die Angst vor einer sowjetischen Expansion führt in den fünfziger Jahren dazu, daß der Westen sich gegen den Osten verbarrikadiert. Die Mauer in Berlin baut zwar der Osten, aber die Doktrin, die der Bundesrepublik jedwede aktive Ostpolitik verbaut, solange die DDR existiert, ist im Westen in den fünfziger Jahren die gängige Politik. «Sie gelten als eine der Geburtshelferinnen der Ostpolitik», meint Alice Schwarzer. Marion Dönhoff entgegnet ihr: *Geburtshelferin ist nicht richtig, weil die Leute in der SPD schon immer die Ostpolitik geplant hatten: Brandt, Bahr und andere. Aber wichtig für das ganze Unternehmen war sicher, daß jemand, der mit der öffentlichen Meinung zu tun hat, die Ansichten teilte. Willy Brandt hat mir einmal gesagt, für die Akzeptanz seiner Ostpolitik sei die Vorarbeit der «Zeit» sehr wichtig gewesen.*[185]

Marion Dönhoff kennt den Osten. Als junger Mensch ist sie von Ostpreußen aus immer wieder – oft mit ihrer älteren Schwester Yvonne – nach Rußland, Polen oder auf den Balkan gereist. 1955 sieht sie zum erstenmal nach dem Krieg Moskau wieder. Nach Polen reist sie 1962. Adam Krzeminski hält dies für keinen Zufall, denn in ebendiesem Jahr erscheint ihr Buch *Namen, die keiner mehr nennt*, in dem sie ihre Flucht aus Ostpreußen schildert. Krzeminski ist von Haus aus Germanist und gehört zu den kenntnisreichsten politischen Publizisten Polens. 1991 schreibt er einen großen Aufsatz für die Warschauer Zeitung «Nowe Ksiazki», in dem er das Wirken seiner deutschen Kollegin analysiert und ihre Rolle im deutsch-polnischen Verhältnis untersucht.[186]

Er glaubt, daß die Herkunft und ein Bewußtsein ihres historischen Hintergrundes es Marion Dönhoff ermöglichen, schneller als andere einen Weg nach Osten zu finden. Er zitiert aus dem Bericht, den sie über jenen ersten Besuch nach dem Krieg schreibt, in dem es heißt: *Große, alte Alleen, Kopfsteinpflaster in den Dörfern, Sonnenblumen in den Vorgärten der hellgetünchten Häuser, Pferdeäpfel auf allen Straßen, Scharen von schneeweißen Gänsen auf den Stoppelfeldern: das ist der Osten. […] Das eigentliche «Vaterland» ist wohl doch durch die Landschaft verkörpert und nicht durch die Nation. Jetzt, da ich auf den östlichen Landstraßen reise, von Posen nach Warschau und vom Rand der Masurischen Seen im Norden bis hinunter zu den bewaldeten Hügeln der Karpaten, wirkt dieses polnische Land unendlich vertraut auf mich. Ja, das Land ist vertraut. Aber wie würde es mit den Menschen sein?* [187]

Marion Dönhoff braucht einige Zeit, bis sie innerlich akzeptiert, daß die östlichen Gebiete, die, wie der offizielle Sprachgebrauch heißt, unter polnischer oder sowjetischer Verwaltung stehen, für Deutschland verloren sind. 1959 stellt de Gaulle fest, die Grenzen zu Polen an der Oder und Neiße seien unabänderlich. Marion Dönhoff stellt daraufhin die Frage, ob das polnische Volk einen solchen Verzicht akzeptiere. Ihre Antwort lautet: *Nein,* allenfalls den Verzicht auf Gewalt, den die Bundesrepublik immer wieder beteuert. *[...] eine Grenzziehung zwischen zwei Völkern, die von dritten Mächten festgelegt und erzwungen wird, zu der werden beide Partner kein Vertrauen haben können. [...] Die Grenze zwischen Polen und uns muß gemeinsam zwischen diesen beiden Ländern vereinbart werden.* [188]

Die Opfer des Naziterrors in Polen: drei Millionen Juden, zwei Millionen Christen. Jeder vierte polnische katholische Priester, jeder vierte polnische Wissenschaftler, jeder fünfte polnische Lehrer wurde Opfer der Verbrechen. Zweieinhalb Millionen Polen wurden als Zwangsarbeiter verschleppt.

Im September 1964 geht Marion Dönhoff in einem Leitartikel auf den Gewaltverzicht der Vertriebenenverbände ein, den sie bereits 1950 erklärt hatten. Sie versteht, daß sie auf die Gebiete jenseits der Oder und Neiße nicht verzichten wollen. *[...] niemand, der aus dem Osten kommt, wird auf Land verzichten. [...] Das wäre so, als verlangte man von ihnen, ihre Toten zu verraten.* [189] In einem Brief an den Tübinger Professor Ludwig Raiser schreibt sie im November 1965: *Ohne Übertreibung und ganz kühl überlegt: Wenn man mir heute sagte, ich würde in drei Tagen tödlich verunglücken, würde ich damit wesentlich leichter fertig werden als mit dem Verlust meiner ostpreußischen Heimat.* [190]

Doch diese Einstellung hindert Marion Dönhoff nicht, für eine aktive Ostpolitik zu plädieren. Der Immobilismus der Adenauer-Ära, das unbedingte Festhalten an der Hallstein-Doktrin, die besagt, daß Deutschland allein von der Bundesrepublik vertreten wird, legt der Ostpolitik Fesseln an. Koexistenz und Entspannung sind jetzt zwei Begriffe, die die politische Debatte beherrschen. Eigene Initiativen seien vonnöten, schreibt Marion Dönhoff. *Wir, das Volk an der Nahtstelle [...], stehen heute vor der Aufgabe, die Kontakte über diese Trennungslinie herüber und hinüber sicherzustellen. Und das kann nur geschehen, wenn wir nicht ausschließlich nach Westen blicken, sondern wenn wir im Rahmen der allgemeinen Koexistenz eine aktive Ost-Politik betreiben.*[191]

Eine aktive Ostpolitik – Marion Dönhoff ergreift selbst die Initiative. Ende der siebziger Jahre trifft sie auf einer Konferenz in Olzstyn, dem früheren Allenstein, den jungen, fließend

Adam Krzeminski, polnischer Publizist

Deutsch sprechenden Journalisten Janusz Reiter. Sie lädt ihn spontan ein, bei der «Zeit» in Hamburg zu hospitieren. Der junge Mann kommt, er sieht sich um, sie öffnet ihm viele offizielle Türen. 1990 kehrt er als Botschafter Polens nach Deutschland zurück. «Ich wäre nicht hier, wenn ich Sie vor elf Jahren nicht getroffen hätte. Die Erfahrung in Ihrer Redaktion hat mich tief geprägt», schreibt er ihr im September 1990. Jahr für Jahr wiederholt sie das Experiment. Daniel Passent, der Star des Feuilletons von «Polytika», kommt, Janusc Tycner und schließlich auch Adam Krzeminski. Sie läßt es dabei nicht bewenden. 1988 gründet sie eine Stiftung, in die sämtliche Honorare ihrer Bücher fließen und die Gelder der Preise, die sie erhält. Aus den Erträgen finanziert sie in der Regel Wissenschaftlern einen zweimonatigen Aufenthalt in Deutschland. Sie kommen aus Tiflis und Tomsk, aus Budapest und Belgrad, aus Kaliningrad und Moskau, aus Prag und Krakau. Rund siebzig Männer und Frauen sind bisher, bis Mitte 1999, eingeladen worden. Das alles geschieht ohne bürokratische Hürden. Sie entscheidet pragmatisch, wer kommt; ihr Neffe Hermann Hatzfeldt, Adam Krzeminski und Professor Wjatscheslaw Dadischew aus Moskau helfen ihr dabei.

Weit ist der Weg nach Osten überschreibt Marion Dönhoff 1985 eine Sammlung ihrer Aufsätze und Reisereportagen, die Stationen markieren bei der Gestaltung normaler Beziehungen zu den Nachbarn. Es sind Artikel, die Hoffnung ausdrücken, die mahnen und schließlich fordern. Wichtigster Partner ist natürlich die Sowjetunion, weil sie den Krieg gewonnen hat und Schirmherr der DDR ist und weil, wie Adam Krzeminski meint, die Tradition des preußischen Denkens so sei, der «Geist von Tauroggen». Aber, so frohlockt er schließlich, dieses Mal sei Rußland den «zivilisierten Deutschen aus Hamburg ferner als das unablässig aus der Disziplin des sowjetischen Blocks ausbrechende Polen. Und dies vor allem, zusammen mit der bekannten Landschaft, von Masuren bis zu den Karpaten, und der Lebensweise der Bewohner dieses Landes – gleich, ob Polen oder Deutsche –, zog Gräfin Dönhoff immer stärker hinein in die deutsch-polnischen Fragen.»[192]

Polen spielt eine Sonderrolle im östlichen Lager, das Land ist liberaler geprägt und entwickelt eigene Konzepte. Schon deswegen genießt es ein besonderes Ansehen. Dennoch sind die Widerstände in beiden Ländern groß, die sich den Vorreitern einer Annäherung zwischen Bonn und Warschau entgegenstellen. «Um so größer ist ihr Verdienst», schreibt Adam Krzeminski. «‹Die Zeit› war einer der Orte, wo die ‹Lobby für Dialog und Versöhnung› eine Tribüne fand.»[193]

Als 1969 die sozialliberale Koalition unter Willy Brandt die schon unter der Großen Koalition Kiesingers angebahnte Entspannungspolitik fortsetzt und festschreibt und in Moskau und Warschau Noten überreichen läßt, die den Weg zu einer Normalisierung der Beziehungen ebnen sollen, stellt Marion Dönhoff fest: *Damit ist nun also das Kapitel «Neue Ostpolitik» endlich aufgeschlagen worden.*[194]

Ein Jahr später fliegt Willy Brandt nach Warschau, um den Deutsch-Polnischen Vertrag zu unterschreiben, der die Oder-Neiße-Grenze zu einer endgültigen macht. Unter der Überschrift *Ein Kreuz auf Preußens Grab* schreibt Marion Dönhoff von dem schwierigen, aber dennoch notwendigen Prozeß, den Verlust der Heimat endgültig zu akzeptieren. *Heimat ist für die meisten Menschen etwas, das vor aller Vernunft liegt und nicht beschreibbar ist. Etwas, das mit dem Leben und Sein jedes Heranwachsenden so eng verbunden ist, daß dort die Maßstäbe fürs Leben gesetzt werden. Für den Menschen aus dem Osten gilt das besonders. Wer dort geboren wurde, in jener großen Landschaft endloser Wälder, blauer Seen und weiter Flußniederungen, für den ist Heimat wahrscheinlich doch mehr als für diejenigen, die im Industriegebiet oder in Großstädten aufwuchsen. [...] Jetzt ist das Land polnisch [...] Die Polen haben, wie auch die Tschechen in Böhmen, ohne Erbarmen reinen Tisch gemacht. Nie zuvor hatte jemand im Osten versucht, sich dadurch in den Besitz von Ländern und Provinzen zu setzen, daß er acht Millionen Menschen aus ihrer Heimat vertrieb. Aber wer könnte es den Polen verdenken? Nie zuvor war ja auch einem Volk so viel Leid zugefügt worden wie ihnen während des Dritten Reiches. [...] Niemand kann heute mehr hoffen, daß die verlorenen Gebiete je wieder deutsch sein werden. Wer anders denkt, müßte schon davon träumen, sie mit Gewalt zurückzuerobern. [...] Also Abschied von Preußen? Nein, denn das geistige Preußen muß in dieser Zeit materieller Begierden weiterwirken – sonst wird dieser Staat, den wir Bundesrepublik Deutschland nennen, keinen Bestand haben.*[195] Dieser Artikel findet eine enorme Resonanz. Er wird in voller Länge von der Londoner «Times» nachgedruckt, und Dean Acheson, der ehemalige amerikanische Außenminister, schreibt der Autorin daraufhin einen sehr persönlich gehaltenen Brief.

Willy Brandt lädt den Danziger Günter Grass, den Ostpreußen Siegfried Lenz und den Chefredakteur des «Sterns», Henri Nannen, der die Ostpolitik in seinem Blatt kräftig unterstützt hat, ein, ihn nach Warschau zu begleiten. Er bittet auch Marion Dönhoff mitzukommen.

Sie schätzt Willy Brandt sehr. *Die Ostpolitik* sei *zweifellos* sein *größtes Verdienst,* meint sie. *Daß Brandt die Realitäten anerkannte, also die Existenz zweier deutscher Staaten und die Unverletzlichkeit der Grenzen, veränderte das Image der Bundesrepublik und ermöglichte einen neuen Anfang.*[196] Es hat sie auch beeindruckt, daß er das Verhältnis der Schriftsteller, Künstler und Intellektuellen zu den Machthabern entkrampfte, und ganz ersichtlich rechnet sie dem Kanzler hoch an, daß ihm ethische Impulse stets mehr bedeuteten als machtpolitische Gesichtspunkte.[197]

Wahrscheinlich haben Adenauer und Schmidt mehr für die Bundesrepublik geleistet als Willy Brandt. Aber wenn die zukünftigen Bürger dieses Landes von jenen vielleicht nur noch die Namen kennen werden, wird die Geschichte immer noch von Brandts Kniefall in Warschau zu berichten wissen. Denn das ist der Stoff, aus dem seit alters her die Mythen und Legenden entstehen. Doch es geht nur der dort ein, der ganz echt ist – Werbeagenturen und Public-Relations-Büros könnten diesen Effekt nicht erzeugen.[198]

Ohne zu zögern ist Marion Dönhoff bereit, Willy Brandt nach Warschau zu begleiten. Doch je näher der Termin rückt, um so größer werden die Bedenken, um so *ungemütlicher*[199] wird ihr zumute. Ihr Name ist bereits mit den Namen der anderen Reisebegleiter vom Bundeskanzleramt bekanntgegeben. Sie fürchtet, eine Absage könnte als politische Manifestation gedeutet werden. Erst zwei Tage vor der geplanten Reise sagt sie, hin und her gerissen von Gewissensbissen, ab. *Zwar hatte ich mich damit abgefunden,* schreibt sie später, *daß meine Heimat Ostpreußen endgültig verlorengegangen ist, aber selber zu assistieren, während Brief und Siegel darunter gesetzt werden, und dann, wie es nun einmal unvermeidlich ist, ein Glas auf den Abschluß des Vertrages zu trinken, das erschien mir plötzlich mehr, als man ertragen kann.*[200]

Sie ist erleichtert, als sie nach Brandts Rückkehr aus War-

Marion Dönhoff und Willy Brandt im Dezember 1989

schau einen handgeschriebenen Brief von ihm erhält, in dem er sagt, daß er sie gut habe verstehen können. «Was das ‹Heulen› angeht: Mich überkam es an meinem Schreibtisch, als ich die Texte für Warschau zurechtmachte. Was ich dann dort und von dort nach hier sagte, ist wohl auch verstanden worden. Ich darf jedenfalls hoffen, daß Sie es verstanden haben und wissen: Ich habe es mir nicht leicht gemacht.» [201]

Dies, so schreibt Adam Krzeminski, lesen die Polen nicht ohne Bewegung. «Zurück bleibt im Grunde Achtung sowohl für die Abwesenheit der Gräfin als auch für die Anwesenheit von Grass und Lenz damals in Warschau.» Und dank Gräfin Dönhoff, so meint er, entdecken die Polen ein Stück Preußen neu, das «von der Erfahrung der Teilungen, der Germanisierung und der nationalen Unterdrückung verdeckt wurde. Dieses emotionale Preußen, das uns Gräfin Dönhoff in ihren Büchern und Essays näherbringt, bestand auch in den Bürgertugenden der Aufklärung – Toleranz, Bescheidenheit, Lauterkeit und Stil. Sie selbst bringt es auf die Formel: *Menschlicher Anstand ist wichtiger als die Reinheit der Lehre.*» [202]

Diese Haltung hat ihr sicherlich ein Leben lang ermöglicht, Abstand zu den Geschehnissen des Tages zu wahren. Und ebendiese Haltung wird ihr von vielen Polen in den achtziger Jahren übelgenommen. Ihre Berichte aus Polen in dieser Zeit sind distanziert und zeigen Verständnis für die Realpolitik jener Zeit, als in Polen «Krieg» herrscht, die Gewerkschaftsbewegung Solidarność verboten ist und viele Oppositionelle im Gefängnis sitzen oder aus dem Untergrund agieren.

Sie hält den Kriegszustand für das kleinere Übel auf dem Weg zur polnischen Selbständigkeit. *Zwar ist der Traum von Liberalität und Selbstbestimmung erst einmal ausgeträumt, aber zehn Millionen organisierter, freiheitsbewußter Menschen lassen sich nicht für alle Zeiten mundtot machen – jedenfalls nicht, wenn jetzt das befürchtete Blutvergießen verhindert werden kann.*[203] Sie ist gegen Sanktionen, wie sie von den Hardlinern im Westen verlangt werden, um Warschau und Moskau unter Druck zu setzen. Sie befürchtet, dies wäre nur eine *Selbstauslieferung an den Kalten Krieg. Stehen wir hier vor dem Dilemma Menschenrechte oder Pragmatismus?* fragt sie. Die für sie typische Antwort: *Man kann durchaus streiten, wer in der Geschichte mehr Schaden angerichtet hat, die Idealisten oder die Pragmatisten. Im Bereich der Politik ist ein gewisser Pragmatismus jedenfalls unerläßlich, was nicht heißt, daß man in diesem Bereich ohne Moral auskommt. Politik ohne Moral führt stracks zu Opportunismus und Zynismus und bewirkt den Zerfall von Staat und Gesellschaft.*[204]

> Versöhnung kann nicht von oben angeordnet werden. Man muß sich zu ihr mühsam durchringen und dabei Hindernisse überwinden, die sich im eigenen Inneren befinden. Es hat fast die Zeitspanne einer Generation gedauert, bis wir uns entschlossen haben, einer deutschen Preußin den Ehrendoktor zu verleihen.
>
> Professor Jerzy Serczyk, Thorn, 1991

Während der amerikanische Präsident Ronald Reagan Lebensmittellieferungen nach Polen untersagt und die Franzosen zu Hunderttausenden für die Freiheit der Polen demonstrieren, sind die Deutschen auf eine andere Weise aktiv: Sie schicken täglich Tausende von Paketen mit Lebensmitteln und Kleidung nach Polen; private Spenden in Höhe von 100 Millionen Mark werden im ersten Jahr, in dem in Polen das Kriegsrecht herrscht, in Deutschland gesammelt. Im Ausland wird das angeblich mangelnde Engagement der Deutschen beklagt. Sie *haben es wirklich schwer: Erst wurden sie wegen ihrer Demonstrationen für den Frieden als Neutralisten verdächtigt, und jetzt, wo sie nicht mehr demonstrieren, sondern Pakete schicken, ist es auch nicht recht.*[205]

Richtig zornig wird Marion Dönhoff, als Präsident Reagan im Hinblick auf Polen sagt: «Wir müssen zeigen, daß es mit den Unterdrückern keine normalen Beziehungen gibt.» Sie fragt ihn nach den freundschaftlichen Beziehungen, die Washington zu Argentinien pflegt, wo Menschen spurlos verschwinden, zu Guatemala und El Salvador, wo die Menschenrechte mit Füßen getreten werden, und nach Südafrika, wo seit 1963 jedes Jahr Hunderte von Menschen ohne Verfahren und Urteil willkürlich hinter Gitter kommen. *Offenbar werden Verletzungen von Menschenrechten nur im Osten, nicht im Westen mit Sanktionen belegt. Unter solchen Umständen wäre es besser, nicht soviel von Moral zu reden.*[206]

Marion Dönhoff reist während des Kriegsrechts regelmäßig nach Polen. Im Laufe der Jahre hat sie dort ein weites Netz von Freunden und Bekannten aufgebaut; hier gewinnt sie ihre Informationen. Ihre Berichte sind voller Sympathie für die Polen und voller Hochachtung vor ihrer Haltung, sich – manchmal auf eine fast schweijksche Weise – allen Repressionen zu widersetzen. Sie schildert die Begegnung mit einer Studentin. *Ich frage sie: «Wenn Sie drei Dinge nennen sollten, die den meisten von euch wirklich wichtig sind, was wäre es?» Die Antwort, die mich vor Neid erblassen ließ: «Heimat, Freiheit, Ehre.»*[207]

Das Resümee ihrer zweiten Reise nach Polen während des Kriegsrechts, das zehn Monate zuvor ausgerufen wurde: Die Dinge wandeln sich, Polen versucht einen eigenen Weg im östlichen Lager einzuschlagen. *Im Westen ist soviel von Freiheit die Rede. Es wäre an der Zeit, die Politik des Boykotts aufzugeben und einem Volk, das sich mit soviel Phantasie bei so wenig Möglichkeit kleine Freiheiten zu verschaffen versucht, das Leben nicht noch schwerer zu machen.*[208]

Adam Krzeminski berichtet, daß diese Artikel von Marion

Dönhoff ihr «einige kritische Stimmen aus den Kreisen der polnischen Opposition eintragen»[209]. 1986 mokiert sich Stefan Kisielewski, der in Paris lebt, daß ein Warschauer Taxifahrer mehr von der Weltpolitik verstehe als die großen westlichen Publizisten, unter ihnen die «rote Gräfin», die meinen, daß die Politik nach irgendeinem Plan verläuft, während diese «Walzer tanzt».[210]

Marion Dönhoff läßt sich in ihrer Einstellung nicht beirren. Sie sucht regelmäßig, was ihr viele verargen, General Jaruzelski auf, den Mann, der das Kriegsrecht exekutiert und der versucht, sein Land langsam aus der Vormundschaft Moskaus zu befreien. *Tatsächlich hat dieser schmächtige, scheue, undurchsichtige Mann theoretisch mehr Macht als irgendein anderer Politiker in dieser Welt. [...] Aber was nützt alle Macht, wenn man das Volk gegen sich hat, noch dazu wenn es sich um Polen handelt.*[211]

Lech Wałesa, dem Danziger Werftarbeiter und Schöpfer der Gewerkschaft «Solidarität», steht sie skeptisch gegenüber. *[...] begreiflicherweise in den höheren Künsten der Politik unerfahren, kennt er nicht den Wert von Kompromissen.*[212] Dafür schätzt sie um so mehr Wałesas Berater, von Bronislaw Geremek über Adam Michnik bis zu Tadeusz Mazowiecki. Sie kennt diese gut

Lech Wałesa spricht zuSolidarność-Anhängern in Danzig, 1988

und streitet gern mit ihnen, die ihr wiederum ihre ungebrochene Sympathie zu Polen und seinen Menschen danken. Am 15. April 1989, als Solidarność endlich als freie Gewerkschaft offiziell beim Gericht eingetragen wird, ist Marion Dönhoff dabei. *Es war ein bewegender Moment.*[213]

Ein gutes Jahr später, als der deutsche Bundeskanzler Helmut Kohl und Ministerpräsident Mazowiecki sich an der Oder treffen, resümiert sie: *Die Polen haben als erste – noch vor Gorbatschow – die Grundsteine zum gemeinsamen europäischen Haus gelegt. Die Rebellion der Solidarność, begonnen im Jahre 1980, hat nach langen Jahren einer mit hartnäckiger Geduld durchgehaltenen, stillen Revolution schließlich erreicht, daß die Allmacht des kommunistischen Regimes zusammenbrach und ein freiheitlich-pluralistisches System an dessen Stelle trat. Alle Nachbarn haben von diesem Modell profitiert.*[214]

Adam Krzeminski registriert in seinem großen Aufsatz über Marion Dönhoff, daß in ihrer Porträtreihe *Gestalten unserer Zeit* kein Pole zu finden sei. Dort finden sich Helmut Schmidt, Henry Kissinger, Andrej Sacharow, Lew Kopelew, Valentin Falin und viele andere. «Wir sind indirekt durch Karl Dedecius vertreten, vielleicht, weil er allein im Augenblick der Entstehung dieses Buches alle auseinanderklaffenden Optionen des polnischen Geisteslebens vereinte. Die Palme der Exklusivität wiederum wollte die Gräfin niemandem bei uns zuerkennen. Nicht dem General, obgleich sie ihn respektierte, nicht Michnik, obgleich sie ihn unterstützte, nicht Wałesa, obgleich sie im Sommer 1980 sofort seine Bedeutung bemerkte. Das Polen, das Gräfin Dönhoff liebt, sind weniger bedeutende Persönlichkeiten, es ist vielmehr ein irritierendes und zugleich vertrautes Klima, es ist unsere Impulsivität und Umsicht, es ist ein Land, in dem man gegen Windmühlenflügel kämpft, den Mond mit den Zähnen packen will und gleichzeitig beharrlich seinen Willen durchsetzt. Deshalb hält sie uns für ruhiger und harmonischer, als wir selbst uns sehen, denn das sind nicht gerade die Eigenschaften, derentwegen wir gern beliebt wären. Also nicht wegen Revolution, sondern wegen vernünftiger Evolution, nicht wegen laut tönender Opferbereitschaft, sondern wegen geschickter Taktik. Im Januar 1991 sagte sie mir unter dem Eindruck unserer Präsidentschaftswahlen und des Spiels um die Bildung der Regierung Bielecki: *Was sich bei euch tut, ist großartig, nur ihr seid es, die seit Jahren so exakt und mit Gespür für das Maß um den Ausstieg aus dem Stalinismus kämpfen. Ich habe meine Texte über Polen aus drei Jahrzehnten durchgesehen, und es ist erstaunlich, wie sich das bei euch alles logisch zusammenfügt, alles hat Hand und Fuß. Ich wünsche euch alles Gute.* Und wenn man uns mit Abstand betrachtet, wenn man nicht in unserem Parteienstreit und den Kleinkriegen aller gegen alle steckt, dann läßt sich tatsächlich ein roter Faden solider Konsequenz in der polnischen Evolution entdecken. Wir werden sie wohl erst in zwei Generationen zu schätzen wissen und einen Schatten Preußens in uns selbst entdecken, den Aufbruch des aufgeklärten Absolutismus in die Moderne. Aber vielleicht sind das ja nur Wunschträume nach der Lektüre der Bücher der ‹roten Gräfin›.»[215]

Der Prozeß des Ausgleichs mit den östlichen Nachbarn ist noch längst nicht abgeschlossen, die «Neue Ostpolitik» seit einigen Jahren erst offizielle Doktrin der sozialliberalen Koalition, als Marion Dönhoff am 17. Oktober 1971 in der Frankfurter Paulskirche den Friedenspreis des Börsenvereins des Deutschen Buchhandels erhält – an demselben Ort, an dem über hundert Jahre zuvor ihr Großvater August Heinrich Dönhoff als preußischer Gesandter beim Deutschen Bundestag in Frankfurt am Main diesem während der turbulenten Märztage des Jahres 1848 präsidierte. Der Vorsteher des Börsenvereins, Werner E. Stichnote, zitiert einen Satz aus einem Brief des Großvaters, der für die Enkelin maßgeschneidert scheint: «Die Publizität hat ihre Nachteile, sie ist aber das einzige Mittel zur politischen Erziehung der Nation.»[216]

Die Laudatio auf die Preisträgerin hält der Franzose Alfred Grosser, Politologe aus Paris. Er zitiert aus der Begründung für den Friedenspreis: «Als Publizistin ist Gräfin Dönhoff für eine Politik der Aussöhnung eingetreten», und er liest aus der Begründung das «Unausgedruckte» heraus: Die «ostpreußische» Gräfin Marion Dönhoff aus Friedrichstein ist «trotzdem» für eine Politik der Aussöhnung eingetreten.[217]

Verleihung der Ehrendoktorwürde in
Thorn, 1991

Zwanzig Jahre später verleiht ihr die Nikolaus-Kopernikus-Universität in Thorn den Ehrendoktor. Der Dekan der geisteswissenschaftlichen Fakultät, Professor Winsclawski, würdigt sie als Vertreterin einer preußischen Tradition, die schon immer in Polen einen guten Klang hatte: Verantwortung im kollektiven und individuellen Bereich. Und, so setzt der Dekan hinzu: «Sie war immer eine unermüdliche Fürsprecherin unserer Interessen in Deutschland.»[218]

Drei Ehrungen, von denen Marion Dönhoff nicht viel Aufhebens macht, die sie im Innersten dennoch berühren: der Friedenspreis, die Thorner Ehrendoktorwürde und das kleine Gymnasium in Masuren, das ihren Namen trägt. Polen hat einen festen Platz im Herzen der Ostpreußin, mehr als jedes andere Land. Der polnische Journalist Olgierd Budrewicz beschreibt einen Besuch bei ihr im Redaktionsbüro der «Zeit»: «Vor dem Fenster der Redaktion tost das große Hamburg, durch die Gänge schieben sich eilig Journalisten und andere Mitarbeiter, die Telefone läuten, die Telex-Geräte klappern. Marion Dönhoff sitzt in ihrem Zimmer, als ob der ganze Redaktionsrummel sie nichts anginge. Bis heute strahlt sie noch immer jene höchst merkwürdige Ruhe aus, die das Land charakterisiert, aus dem sie stammt.» Und er zitiert sie: *Es ist seltsam, aber immer wieder verspüre ich Lust, nach Polen zu reisen. Dieses Land zieht mich an. Im Hinblick auf Atmosphäre und Landschaft ist es wie Heimat für mich. Im Westen, wo ich schon über die Hälfte meines Lebens verbracht habe, fühle ich mich bis zum heutigen Tag wie ein Gast.*[219]

Ehrendoktorwürden für
Marion Dönhoff
Smith College, MA 1962
Columbia University,
New York, 1982
New School for Social Research,
New York, 1987
Georgetown University,
Washington, 1991
Nikolaus Kopernikus Universität,
Thorn, Polen, 1991
University of Birmingham, 1999

Ferne Länder, nahe Freunde

Die Reisende

Golo Mann nennt Marion Dönhoff eine wissensgierige und reiselustige Person, und Theo Sommer, ihr Nachfolger im Amt des Chefredakteurs bei der «Zeit», meint, sie habe sich ihre Reiseziele stets so ausgesucht, «daß sie an die Wendemarken der Entwicklung geriet. Überall donnerten ihr die Kanonaden der modernen Valmys um die Ohren: in Indochina und in Indien, in Schwarzafrika und am Kap der Guten Hoffnung, im Vorderen Orient und auf den Konferenzen der aufstrebenden Dritten Welt. Zugleich war sie in den Machtzentren von Washington und Moskau, London und Paris eine häufig und gern gesehene Besucherin.»[220]

Marion Dönhoff reist nicht aufwendig. Und so kann es schon einmal passieren, daß Kollegen, die im selben Hotel wie sie absteigen, auf keinen Fall teurer als sie logieren wollen. Was in der Regel nicht funktioniert. Das preisgünstigste Zimmer ist bereits von ihr belegt. Wann und wo immer möglich, wohnt sie auf Reisen bei Freunden. «Die Nachricht, ‹Marion kommt›, löste beim deutschen Botschafter in Washington stets Jubel aus», schreibt der Diplomat Berndt von Staden, «wobei den Gastgeber auch leise Besorgnis zu beschleichen pflegte. Die galt aber nicht dem geehrten Hausgast, sondern den ihn umgebenden Gegenständen. Diese, Regenschirme, Handtaschen, Pässe, Flugtickets, entfalten unter Marions milde abwesendem Blick ein wundersames Eigenleben, die fatale Neigung, unsichtbar zu werden, sich einfach aufzumachen, zu verschwinden, den Langmut der Herrin mit der Tücke des Objekts zu lohnen.»[221]

Schon als junge Frau ist Marion Dönhoff von Ostpreußen aus viel gereist, nie als reiner Tourist, sondern immer mit der Absicht, fremde Menschen kennenzulernen, ihre Lebensumstände zu erfahren, das Charakteristische des Landes heraus-

In Ägypten, 1981

zufinden. Die Dönhoffs haben fast überall auf der Welt Bekannte, Freunde oder Verwandte, und so ist sie nicht auf den Baedeker angewiesen. Ihre unvoreingenommene Haltung öffnet ihr allerorten die Türen, sie scheidet meist als Freund. Die Lust am Reisen hat sie in ihr zweites Leben mitgenommen. Als frischgebackene Journalistin reist sie, Zeit ist noch nicht Geld, ohne Hast durch die Länder Afrikas und Asiens. Sie berichtet von diesen Reisen in der «Zeit». Ihre Reportagen sind auch nach dreißig, vierzig Jahren ein Lesevergnügen, weil, wie Klaus Bölling schreibt, sie «die Leser unaufdringlich an ihren eigenen Lernprozessen teilnehmen läßt, während heutzutage viele Reporter eher auf Sensation oder die bloße Unterhaltung des Publikums abzielen»[222].

1998 versammelt sie einen großen Teil ihrer Reiseberichte auf Wunsch des Verlegers Wolf Jobst Siedler unter dem Titel *Der Effendi wünscht zu beten.* Die Zeile ist einer Reportage entnommen, die sie 1952 aus Jordanien schreibt. Es ist die Geschichte einer abenteuerlichen Tour in einem Gemeinschaftstaxi – *Fliegen schien mir zu sündhaft* – von Amman nach Bagdad, dem Ort, der schon immer ihre Phantasie beflügelte, seit sie Karl Mays «Von Bagdad nach Stambul» las – *ein Ort von geheimnisvollem Zauber.*[223]

Marion Dönhoff scheut nicht das Unerwartete, sie läßt sich in Afrika ein auf Fahrten tief in den Busch oder über unwegsame Wüstenstriche. Sie läßt sich anstecken von der Gelassenheit der Afrikaner und Araber. Im algerischen Biskra, der letzten großen Oase, bevor die Sahara beginnt, genießt sie die *große unendliche Nacht* der Wüste. Die Beschreibungen der Natur haben die gleiche Dichte wie ihre Landschaftsschilderungen der alten Heimat. Sie sinniert über die Weite der Wüste. *Wenn man jetzt weiterginge, bis zum Sonnenaufgang weiterginge, dann würde es noch genau so aussehen, und am Tag darauf ebenso und vier Wochen später noch immer ebenso. Wie anders könnte die Welt sein, wenn die Menschen, anstatt zu Millionen in riesigen zusammengetragenen Steinhaufen zusammenzukriechen und dem Dünkel ihrer vermeintlichen Allmacht zu frönen [...], lieber die Unendlichkeit und Erhabenheit solcher Nächte erlebten! Vielleicht sind die Beduinen, die sich nie soweit erniedrigen würden, daß sie in einem Haus leben, und die unter diesem großen Himmel frei umherziehen, die letzten Menschen, die wissen, was Freiheit ist.*[224]

Auch nach Indien reist sie öfters; zunächst hat sie immer nur die Städte kennengelernt, weiß nichts vom Leben im Dorf, wo doch 80 Prozent aller Inder leben. Das muß anders werden: Mit dem Dolmetscher der deutschen Botschaft Shri Würfel zieht sie für ein paar Tage aufs Land. Patauda heißt der Ort, wo wahrscheinlich noch nie zuvor ein Journalist war.

In Bali hatte sie eigentlich einen Hahnenkampf beobachten wollen, doch im Vordergrund stehen die Götter. *Das tägliche Leben ist eins mit den religiösen Vorstellungen. [...] Die Welt ist noch eine Einheit aus Geist und Materie, fast so, als habe der Sündenfall nicht stattgefunden. Hier erfährt man, was eigentlich das Schöpferische im Menschen ist: der Mensch kann die Welt nach seiner Art formen. So wie er sie sieht, so ist sie: Ein Tummelplatz der Götter und Geister oder ein ödes Schlachtfeld, auf dem Macht, Hunger und Neid ihr Unwesen treiben.*[225] Und sie setzt eine Zeile Hölderlins hinzu, des Dichters, den sie am meisten liebt: «An das Göttliche glauben die allein, die es selbst sind.»

Der Journalistin aus Hamburg öffnen sich die Türen der Mächtigen. Sie spricht mit Kwame N'Krumah, dem «Führer» aus Ghana, sie trifft Habib Bourguiba, den tunesischen Freiheitshelden, in Neu-Delhi spricht sie mit Nehru, sie fliegt im Hubschrauber mit dem thailändischen Königspaar in die Berge, unzählige Minister stehen ihr Rede und Antwort.

Auf der Kurischen Nehrung, 1992

Später wird Marion Dönhoff einmal sagen, daß sie die Entwicklung der unabhängig gewordenen Länder in Schwarzafrika zu positiv eingeschätzt habe, daß sie den Weg in Unfrieden und Chaos nicht hat kommen sehen. Sie war überzeugt, daß die von den Kolonialmächten hinterlassenen Strukturen – bis auf Belgisch-Kongo – tragfähig bleiben würden. Doch das war nicht so. Dafür wird sie, anders als die meisten professionellen Beobachter, in der Beurteilung der südafrikanischen Szene recht behalten. Der von vielen vorausgesagte Bürgerkrieg hat nicht stattgefunden. Weiße und Schwarze haben einen Weg gefunden, der sie unblutig aus dem Teufelskreis der Apartheid herausführte.

Im Sommer 1990 veranstaltet die Deutsche Auswärtige Gesellschaft, in deren Präsidium Marion Dönhoff über viele

Jahre mitwirkt, ihr zu Ehren in Bonn ein Kolloquium zum Thema Südafrika. Der Politologe Theodor Hanf, ein anerkannter Südafrika-Kenner, sagt in einer «laudatio africana» über sie: «Unzählige Bücher und Artikel zu Südafrika sind entweder vom Geist der Polemik gegen oder der Apologie des bestehenden Systems geprägt. Keiner dieser Versuchungen hat Gräfin Dönhoff in den Berichten und Kommentaren dieser drei Jahrzehnte nachgegeben. Sie ist zunächst darauf bedacht, die Antagonisten zu verstehen. [...] Sie hat dem politisch interessierten Deutschland die Südafrika-Problematik nahegebracht, mit Anschaulichkeit, mit Blick für das Wesentliche, Augenmaß und Fairneß der Kritik, mit moralisch fundiertem politischem Urteil – und ständig auf der Suche nach vernünftigen Konfliktregelungen.» [226]

Marion Dönhoff setzt auf die Vernunft. 1960 benennt sie das Kernproblem Südafrikas: *Wie kann man die Beziehungen der verschiedenen Rassen zueinander ordnen? [...] Wie kann man die Kontakte so gestalten, daß ein Zusammenleben ohne restlose Unterwerfung der einen Gruppe durch die andere möglich wird? Schließlich gibt es doch für beide gemeinsame Interessen [...]. Schließlich haben doch beide das gleiche Vaterland.* [227]

Sechzehn Jahre später warnt sie vor moralischer Überheblichkeit gegenüber den Weißen: *Wir sollten aber bei aller berechtigten Kritik nicht vergessen, wie schwer es ist, auf etwas zu verzichten, was man noch besitzt. Wir haben zwanzig Jahre gebraucht, um den Verzicht auf die Ostgebiete auszusprechen, die wir längst verloren hatten.* [228]

> Viel entscheidender als Fakten sind Fiktionen. Viel größer als die Macht der Tatsachen ist die Macht der Vorstellungen.
> Marion Dönhoff

Zehn Jahre später, 1986, als sich am Kap die Lage dramatisch zuzuspitzen scheint: *Die Schwarzen sind viel weniger dogmatisch als die Weißen. Sie sind für glaubhafte, praktische Lösungen auch heute noch zu haben.* [229] Bischof Desmond Tutu, der alles tut, um Gewalt zu verhindern, gehört zu ihren Freunden. Sie ist seine Fürsprecherin in Europa, auf ihre Initiative erhält er den hochdotierten Onassis-Preis. *Warum die Entwicklung in Südafrika uns alle angeht?* fragt sie 1986. Ihre Antwort: *Weil zu befürchten steht, daß sich dort nach zwei Weltkriegen und dem Holocaust die letzte große Katastrophe dieses ausgehenden Jahrhunderts ereignet.*[230]

Sie setzt auf den legendären Führer der Schwarzen, Nelson Mandela. *Eine Regierung, die in dieser unruhigen Zeit einen solchen Mann im Gefängnis hält, anstatt mit ihm zu reden und mit ihm gemeinsam zu handeln, ist wirklich schwer zu verstehen.*[231] Im März 1987 fliegt sie von Kapstadt nach Hamburg mit dem Gedanken: *Ich würde mir wünschen, daß Pretoria sich John F. Kennedys Einsicht zu eigen macht: «If a free society cannot help the many who are poor, it cannot save the few who are rich.»*[232]

Marion Dönhoff behält recht. In Südafrika setzt sich schließlich die Vernunft durch. Nachdem Präsident de Klerk bei der Parlamentseröffnung am 2. Februar 1990 seine große Anti-Apartheids-Rede hielt und nach 26 Jahren Haft Nelson

Nelson Mandela

Mandela freigelassen wird, ist sie voller Zuversicht. Über ihren Artikeln dazu heißt es lapidar: *Auf gutem Weg – Apartheid ade – Vernunft siegt – Fortschritt – Geschafft.* Zwei Jahre nach jener Rede schreibt sie: *Die Fragestellung ist nicht mehr: Weiß oder Schwarz? Weiß und Schwarz lautet nun die Parole.*[233] Und als sich, wieder ein Jahr später, de Klerk und Mandela, den Friedensnobelpreis teilen, kommentiert sie: *Wenn je jemand den Friedensnobelpreis verdient hat, sind es die beiden: Mandela, der Jahrhunderte der Unterdrückung seines Volkes, ohne Rache zu brüten, hingenommen hat, und der Bure de Klerk, der bereit ist, die Macht abzugeben, ohne durch Krieg oder blutige Revolutionen dazu gezwungen zu sein. Man möchte wünschen, daß auch in anderen Teilen der Welt wenigstens halb soviel Vernunft regierte.*[234]

Abermals ein Jahr später meint sie: *Wir sollten uns an den Schwarzen Südafrikas ein Beispiel nehmen. Wie viele Opfer sind ihnen zugemutet worden, wie viele Leiden haben sie ertragen. [...] Aber Nelson Mandela sagt: «Laßt uns die Vergangenheit vergessen. Wir brauchen jetzt Vergebung und Versöhnung.»*[235] Das Verfahren, wie am Kap mit der Geschichte umgegangen wird, fasziniert sie, dort stellen sich Opfer und Täter der Wahrheits- und Versöhnungskommission (Truth and Reconciliation Commission), die versucht, Licht in das Dunkel der Vergangenheit zu bringen. *Denn die Probleme, um die es hier geht, sind von so tiefer moralischer Dimension, daß normale Strafprozesse nicht genügen würden.* Dies gibt ihr Gelegenheit, die Berliner Gauck-Behörde zu attackieren, deren Aufgabe, die Stasi-Schuld aufzuarbeiten, sie für verfehlt hält. *3000 Mitarbeiter versuchen seit Jahren, mit 180 Kilometer Akten fertig zu werden; sie kleben in monatelanger Fleißarbeit die in der Häckselmaschine der SED zerfetzten Dokumente wieder zusammen. «Bewältigung der Vergangenheit» nennt sich das.*[236]

Zu ihrem südafrikanischen Freundeskreis gehört die *Partisanin der Freiheit* Helen Suzman. Im Fragebogen des «FAZ-Magazins» ist die liberale Abgeordnete ihre Lieblingsheldin in der Wirklichkeit. Sie *stand in niemanden Solds, war auch keiner Ideologie untertan*[237].

Marion Dönhoff habe eine große Begabung für Freundschaften, meint Josef Müller-Marein, ihr Vorgänger als Chefredakteur. In ihren beiden Porträtreihen, *Gestalten unserer Zeit* und *Menschen, die wissen, worum es geht,* beschreibt sie Personen, die ihr im Laufe des Lebens begegnet sind, die sie bewundert oder respektiert und mit denen sie fortan befreundet ist. Es sind Menschen, die aus dem Rahmen fallen, Abenteurer, Revolutionäre, ungewöhnliche Denker oder furchtlose Akteure. Sie haben eines gemeinsam. *Ihnen allen geht oder ging es stets «um die Sache». [...] Nicht die eigene Karriere oder Geld oder Ruhm oder persönliches Wohlergehen.*[238]

Von dem Inder Satyanarayan Sinha ist sie ganz besonders fasziniert. Er sei der einzig wirkliche Abenteurer, der ihr begegnet ist, Abgeordneter im indischen Parlament, der aber auch Haile Selassi als Oberst diente, Stalin als Hauptmann und dem Dalai Lama als Beschützer. Immer wieder trifft sie ihn, ob bei ihr zu Hause in Blankenese oder in Neu-Delhi oder im Himalaja, wo sie mit ihm drei Wochen auf Maultieren durch die Berglandschaft treckt.[239] Mochtar Lubin, einen indonesischen Journalisten, lernt sie auf einer Konferenz in Princeton kennen. Er ist ein furchtloser Kämpfer wider die Korruption in Asien, seine Art zu reflektieren und zu sprechen gefällt ihr. Auf einem Seminar in Aspen, Colorado, an dem sie teilnimmt, liest der Indonesier den Amerikanern und Europäern die Leviten und geißelt die Überflußgesellschaft. Er spricht ihr aus dem Herzen.[240]

Lange Briefe auf gelbem Papier, teils auf deutsch, teils auf englisch, mit der Hand geschrieben, bekommt sie von George F. Kennan, dem Historiker und Nestor der amerikanischen Diplomatie. Auch ihn, den ein wenig Älteren, lernt sie in Princeton Anfang der fünfziger Jahre kennen. Aus dieser Begegnung entwickelt sich eine enge und sehr herzliche Freundschaft. Sie besucht ihn und seine norwegische Frau oft auf deren Farm in Pennsylvania oder in deren Blockhaus in Norwegen. Sie, die selber vom Land stammt, weiß, was eine solche Herkunft bedeutet: *Sich abfinden und sich einschränken, diese Tugenden hat er dort auf dem Lande, wo nicht alles machbar, nicht alles für Geld zu haben ist, schätzen und praktizieren gelernt. [...] Das was George*

Mit George F. Kennan, 1982

Kennan zu einer ziemlich einmaligen Erscheinung macht, ist seine moralische Autorität: seine Unbestechlichkeit Erfolg und Ruhm gegenüber. Als ich ihm vor Jahren einmal voller Stolz vom Erfolg der «Zeit» berichtete, sagte er nur: «Oh Marion, beware of success!» [241]

Den großgewachsenen, schlanken und gutaussehenden Amerikaner trifft sie häufig. Er besucht sie in ihrem Ferienhaus auf Ischia, sie treffen sich in Oxford, wo er Vorlesungen hält, oder sie gehen gemeinsam ins Berliner Ensemble, wo sie – Juni 1960 – eine schaurige Aufführung von Scholochows «Der stille Don» sehen. Kennan fühlt sich zurückversetzt in das Rußland Stalins. Nach einer Wanderung durchs nächtliche, immer noch vom Krieg zerstörte Ost-Berlin kommen beide zurück ins Lichtermeer West-Berlins: «[...] erschien uns das alles so verspielt und trivial: ein großtuerischer Aufdringling von Zivilisation, aufgedonnert und vergänglich. [...] keiner von uns beiden konnte die großen, ehrfurchtgebietenden Ruinen vergessen, die so geduldig und majestätisch und bekümmert dastanden unter dem nächtlichen Himmel, nur ein paar Kilometer entfernt.» [242]

In Ost-Berlin freundet sie sich mit Robert Havemann an, dem mutigen Dissidenten. Als sie einmal der Versuchung nicht widerstehen kann, ihre Stasi-Verfolger in ihrem Porsche durch schnelles Kreuz- und Querfahren abzuschütteln, wird sie zur «persona non grata» erklärt und darf jahrelang nicht nach Ost-Berlin einreisen.[243]

Lew Kopelew, den Kenner und Übersetzer deutscher Literatur, liebt sie. Sein Foto, das den guten Menschen aus Rußland mit seinem mächtigen weißen Bart zeigt, steht auf einer Staffelei in ihrem Büro. In seiner Moskauer Küche saß sie oft (hier traf sie auch Andrej Sacharow, den Physiker und Menschenrechtler); oder sie hockte in der Küche seiner Kölner Wohnung. Sie hilft Kopelew bei der Einbürgerung in Deutschland, als die sowjetischen Behörden ihn ausbürgern. *Prachtstück* nennt sie ihn.[244] Lew Kopelew tritt vehement für die Schriftstellerin Christa Wolf ein, als diese nach der Wende in der Bun-

Lew Kopelew

desrepublik diffamiert wird. Für Marion Dönhoff ist damit der Streit um die Ostberliner Schriftstellerin *erledigt, denn für mich ist Lew Kopelew sowohl literarisch wie moralisch eine Autorität*[245].

Zu den Russen, die sie schätzt und die wiederum sie verehren, gehört Valentin Falin. Sie möchte dem ehemaligen sowjetischen Botschafter in Bonn, der überdies ein kenntnisreicher Kunstsammler ist, gern etwas Gutes tun, ihm Mut zusprechen, weil er sie mit seiner Melancholie rührt. Er habe sich dem System, dem er dient, angepaßt, schreibt sie: *Aber er hat sich dabei stets seine eigene Persönlichkeit bewahrt, weil er weiter denkt und tiefer analysiert als die meisten anderen.*[246] «Wenn der Herrgott für mich ein günstiges Fahrwasser herbeiordnet, welches mich Richtung vereinigtes Deutschland oder in seine Nähe führen kann, so lasse ich Sie unbedingt informieren», schreibt er ihr im Oktober 1990. Als Falin sich später in Hamburg niederläßt, unterstützt sie ihn und hilft ihm, hier Fuß zu fassen.

> Ferner war im gesamten Material kein Hinweis darauf zu finden, warum Marion Gräfin Dönhoff nie geheiratet hat.
>
> Daniela Levy in einer Seminararbeit des Instituts für Zeitungswissenschaft der Universität München, Wintersemester 1991/92

«The president has agreed to see you», wird Marion Dönhoff eines Tages mitgeteilt, und so trifft sie Anwar el-Sadat auf seinem Sitz außerhalb Kairos, wo sie unter einer schattigen Baumgruppe ein langes Gespräch führen. Ihr Resümee: *Was für ein erstaunlicher Mann. […] Das «ägyptische Dorf» – seine Heimat – spielte für ihn eine große Rolle. […] Er war eingebettet in die vertrauensspendende und Hoffnung verheißende Religion seiner Väter und in die Zeitlosigkeit des ägyptischen Dorfes.*[247] Immer wieder sind es Menschen, die eins sind mit dem Land und seiner Natur, die aufgewachsen sind im Rhythmus und Wechsel der Jahreszeiten und Generationen, von denen sich Marion Dönhoff besonders angezogen fühlt. Auf jeden Fall sind es Menschen, die echt sind, die ihren eigenen Maßstäben folgen und ihrer Intuition, die nicht vom Zeitgeist gestylt sind.

So einer ist auch Fritz Stern, der Träger des Friedenspreises des Deutschen Buchhandels 1999. Den gebürtigen Breslauer, Historiker an der Columbia University in New York, trifft sie, sooft es geht: bei einem Kurzurlaub im Engadin, in Blankenese, Berlin oder in den USA. Sie reden und streiten und hecken Pläne aus, wer wo hinbugsiert werden müßte, welche Institu-

| 1955 | 1996

Mit Henry Kissinger und Fritz Stern im Dezember 1989

tion einen neuen Mann bräuchte, wer in welches Kuratorium gehörte. Ihrer beider Einfluß ist groß und ihr Rat gefragt, sie machen gern Gebrauch davon. Preußische Strenge und menschliche Wärme, Ernst und Freude seien in Marion Dönhoffs Wesen vereint, schreibt er einmal. «Die Stunden und Tage in ihrem Wohn- und Arbeitszimmer, wo alte und moderne Kunst harmonisch zusammenkommen, wo die wichtigen Bücher stehen und die alte Musik auf modernste Weise reproduziert wird, wo bei bestem Wein eine Stimmung anregenden Behagens aufkommt: Das sind unvergleichbare Lebensmomente.»[248] Und gegenüber der Dönhoff-Biographin Alice Schwarzer bekennt er auf die Frage, warum er an ihr hänge, schlicht: «Weil ich sie liebe.»

Henry Kissinger, Amerikas bedeutenden Außenminister, lernt sie 1955 in New York kennen. Er ist gerade 32 Jahre alt und besticht sie durch seine Brillanz, Intelligenz und Bildung. Als er kurz darauf nach Bonn kommt, lädt sie ihn ein zum Lunch in den «Adler» in Bad Godesberg. Sie essen gut und trinken viel; als der Kellner die Rechnung präsentiert, muß Marion Dönhoff passen – sie hat ihre Geldbörse im Hotel vergessen.

«Den Trick werde ich mir merken», kommentiert der Gast trocken und zahlt. Zwischen ihnen entwickelt sich eine enge Beziehung, die auf gegenseitigem Respekt beruht. Er verfolgt ihre Beiträge in der «Zeit» und schickt ihr kurze Notizen. Nicht immer sind sie einer Meinung. «Ich pflegte Marion zu hänseln», schreibt er an ihrem 75. Geburtstag, «daß sie nach jeder Unterhaltung mit mir ungefähr einen Monat lang vernünftig schreibe, dann aber wieder in ihren unwirklichen Idealismus zurückfalle. Doch letztlich hätte ich es anders gar nicht gewollt. Die Welt ist voller Pragmatiker und selbstgerechter Ideologen. Nur sehr wenige Menschen haben die Gabe, durch die Lauterkeit, ja Unschuld ihres Wollens die Dinge zu adeln. Ich habe oft gedacht, Marion begreift die Sünde, aber nicht das Böse. Und dennoch, obwohl ich nie ganz ihre Gläubigkeit aufbringen konnte, wußte ich doch auch, daß am Ende Skeptiker keine Kathedralen bauen.» Und er erzählt, daß seine Frau Nancy und er eine Liste zusammengestellt hätten mit Namen von Menschen, auf die sie sich im Leben wirklich verlassen könnten. «Wer würde uns, ungeachtet allen Risikos, bei sich aufnehmen, auch wenn alle Beweise gegen uns sprächen? Marion stand auf dieser Liste obenan.»[249]

Seit den Tagen der Nürnberger Prozesse kennt sie Richard von Weizsäcker. Sie schätzt den um viele Jahre Jüngeren und verfolgt aufmerksam seinen Weg, der ihn schließlich in die Villa Hammerschmidt und ins Schloß Bellevue führt. Sie bewundert seinen analytischen Verstand, *stets eine Dimension tiefer pflügend als die anderen, zur Selbstironie fähig, von großem Ernst, leichtem Witz und gelegentlich heiterer Bissigkeit*[250]. Er wiederum verehrt sie. An ihrem 80. Geburtstag sagt er in einer herzlichen Laudatio: «Marion [...] hatte in der Tiefe ihres Wesens zu aller Zeit eine Ahnung von den Dingen, wie sie kommen und werden. [...] Es ist immer die nämliche Souveränität, die ich bei ihr erlebe, eine Souveränität, die dadurch geprägt ist, daß sie von niemandem abhängig ist und daß sie zugleich von tiefer Einsicht in das Wesen des menschlichen Schicksals geleitet ist. Ich weiß dafür kein anderes Wort als Demut.»[251]

«Kein Artikel von Marion Dönhoff hatte auf mein Leben

eine so tiefgreifende und wohltuende Wirkung wie der, den sie im März 1962 über ‹die Lobby der Vernunft› schrieb», erzählt Carl Friedrich von Weizsäcker, der Philosoph und Physiker. [252] Damals, in der Endphase der Adenauer-Ära, reißt die «Zeit» die Meinungsführerschaft an sich; Anlaß ist das sogenannte «Memorandum der Acht», zu denen auch ebendieser Weizsäcker gehört. Acht führende Männer, *Angehörige der Elite (nicht zu verwechseln mit Prominenz)* [253] aus Wissenschaft, Wirtschaft und Kultur, aufgefordert von dem Militärbischof Kunst, erarbeiten eine kritische Bestandsaufnahme der Innen- und Außenpolitik; unter anderem fordern sie eine realistische Ostpolitik. Durch eine Indiskretion gerät das Memorandum an die Öffentlichkeit. Die Entrüstung ist groß, die Autoren erhalten rechtsradikale Drohbriefe. Marion Dönhoff bricht für die *Lobbyisten der Vernunft* in der «Zeit» eine Lanze [254] und läßt sie über viele Wochen in der Zeitung ihre Positionen vertreten. Sie kennt die meisten der Autoren persönlich, ist mit ihnen befreundet: Hartmut von Hentig, Ludwig Raiser, Georg Picht, Hellmut Becker, Klaus von Bismarck – im Jargon der «Zeit» protestantische Mafia genannt. Fortan gehören sie zum festen Mitarbeiterstamm der Zeitung.

Marion Dönhoff lädt Carl Friedrich von Weizsäcker, damals Ordinarius in Hamburg, mit Gleichgesinnten in ihre Wohnung ein, der «Blankeneser Kreis» trifft sich fortan bei ihr etwa sechsmal jährlich. Helmut Schmidt, der Hamburger Innensenator, gehört dazu, Professor Karl Schiller, Reeder Rolf Stödter, die Bankiers Karl Klasen und Alwin Münchmeyer und Otto A. Friedrich von den Phoenix-Werken. Weizsäcker erinnert sich: «Ich weiß nicht, ob es anderswo in Deutschland einen Kreis gab, der so quer durch Politik, Wirtschaft und Wissenschaft, quer durch die politischen Parteien in persönlichem Vertrauen Sachfragen besprach, heiter, weil sachlich, sachlich, weil ohne Intrige, ohne Intrige, weil in vollem Ernst. [...] Sie war Gastgeberin, sie bewirtete uns gut, und mit dem Charme stiller Entschlossenheit lenkte sie das Gespräch dahin, wo sie die jeweils wichtigsten Themen sah.» [255]

Auf ihre Freundschaft fällt Jahre später ein Schatten. Für

die Wahl des Bundespräsidenten im Mai 1979 sucht die sozial-liberale Koalition einen Kandidaten. Walter Scheel tritt nicht ein zweites Mal an, die Mehrheitsverhältnisse in der Bundesversammlung neigen sich der CDU zu. In ihrem Urlaubsort auf Ischia erreicht sie die telefonisch übermittelte Bitte von Willy Brandt, als Kandidatin in die Bresche zu springen. Sie sagt ab, weil sie sich für ganz und gar ungeeignet hält, und schlägt statt ihrer Carl-Friedrich von Weizsäcker vor. Nach einer Bedenkzeit sagt auch er ab, weil er vom ganzen Haus gewählt werden will und nicht mit Hilfe von einigen Abtrünnigen. In einem Brief an Willy Brandt, den Vorsitzenden der SPD, geht sie, nachdem Karl Carstens gewählt

> Ich weiß nicht, ob man einer älteren Freundin noch zuraten soll, ein Auto zu fahren, und dazu einen Porsche. Aber da ich Ihnen noch weniger zuraten kann, das Reiten wiederanzufangen, und da Sie ohnehin auch nicht auf mich hören würden, wenn ich Ihnen vom Autofahren abraten würde, möchte ich, daß Sie *das* Auto fahren, das Ihnen gefällt. Es steht nun einmal zufällig vor ihrer Tür.
> Rudolf Augstein, der ihr zum 80. Geburtstag einen Porsche schenken will, den sie aber nicht annimmt

ist, auf den sie unangenehm berührenden Vorgang ein. *[...] daß er* [Weizsäcker] *kein Zählkandidat sein wolle, fand ich angesichts der Situation und ihrer Notwendigkeit so erbärmlich, daß ich sofort Egon Bahr anrief, um zu sagen, wenn sie mich noch brauchen könnten, stünde ich zur Verfügung. [...] Ihre Kühnheit haben wir schlecht gelohnt. Ich würde mich nicht wundern, wenn beide Parteien von outsidern genug hätten.* [256]

«Es gibt überhaupt keinen Menschen in Deutschland, den ich so sehr bewundere wie die Gräfin», schreibt Ralf Dahrendorf.[257] Sie wiederum schätzt diesen unruhigen hellen Geist, diesen Intellektuellen par excellence, der über viele Jahre Autor, Mitarbeiter und Anstoßgeber der «Zeit» ist. Und sie hält sich zugute, daß sie im Kuratorium der «Zeit»-Stiftung durchgesetzt hat, daß er und kein anderer die Biographie des «Zeit»-Gründers Gerd Bucerius schreibt.

Theodor Eschenburg, der Tübinger Professor, war aus ihrem Freundeskreis nicht wegzudenken. Viele Jahre lang prägte er die «Zeit» mit. Seine verfassungspolitischen Kom-

Mit Richard von Weizsäcker und Helmut Schmidt vor der Villa Hammerschmidt, 1992

mentare schreckten die Bonner Bürokratie auf. *Viele haben den strengen Praezeptor sehr gefürchtet – wir haben ihn geliebt.*²⁵⁸

Zu ihrem Mitherausgeber in der «Zeit», Helmut Schmidt, pflegt Marion Dönhoff ein besonders intensives Verhältnis. Sie tauschen sich über das Blatt aus, beeinflussen aus dem Hintergrund die eine oder andere Personalie, greifen zur Feder, wenn sie es für wichtig und geboten halten, und sie diskutieren die politische Lage. Sie schicken sich Notizen und Lesefrüchte, sie ist angetan von seinen musischen Interessen, von seiner Einfühlsamkeit und seiner Empfindsamkeit. Fallen harsche Worte über ihn, hält sie treu und unbeirrbar zu ihm.

In ihrer Sammlung von *Menschen, die wissen, worum es geht* ist das Kapitel über Helmut Schmidt nach dem über George F. Kennan das ausführlichste. *Helmut Schmidt hat fast alle Gaben, die den perfekten Regierungschef ausmachen, und dazu auch noch Fortüne. Man müßte die Rache der Göttin Nemesis fürchten, wenn er selber nicht den Zweifel als Korrektiv in der eigenen Brust trüge, auch wenn die, die in ihm nur den Macher sehen, dies nicht wahrnehmen.*

Im tiefsten Inneren nagt ein Zweifel, steckt ein Melancholiker, der in dem Unbekannten, was heraufzieht, die dunklen Katastrophen viel deutlicher spürt als die lichten, hoffnungsvollen Momente der Geschichte. [259]

Diese beiden so verschiedenen Menschen, den Barmbeker Jungen und die Friedrichsteiner Komtesse, verbindet eine tiefe Freundschaft. Auf der Feier seines 80. Geburtstages dankt Helmut Schmidt im Hamburger Thalia Theater drei Frauen, die ihm viel bedeuten: seiner Tochter, seiner Frau und Marion Dönhoff.

Weil das Land sich ändern muß

Die Preussin

Als Marion Dönhoff ihren 80. Geburtstag feiert, gibt Bundespräsident Richard von Weizsäcker ihr zu Ehren in der Villa Hammerschmidt in Bonn ein Abendessen. In seiner kleinen Laudatio auf sie ist von Preußen die Rede, und er nennt die zu Feiernde eine «aufgeklärte Monarchin», aber eine besonders «aufgeklärt preußische, bei der der wichtigste ihrer drei preußischen Begriffe, die Loyalität ohne Willfährigkeit, zur menschlichen Wirklichkeit wird»[260]. Er bezieht sich dabei auf einen Vortrag, den sie im April 1987 im Rahmen der «Berliner Lektionen» gehalten hat, unter dem Titel *Preußen – Maß und Maßlosigkeit.*[261]

Marion Dönhoff, die stets bekennt, eine Preußin zu sein, arbeitet in ihrem Vortrag drei Begriffe heraus, die für sie das spezifisch Preußische bedeuten. *Erstens Toleranz aus Vernunft; zweitens Staatsräson in der hierarchischen Gesellschaft und schließlich drittens – und vielleicht am wichtigsten – Loyalität ohne Willfährigkeit.*[262] Es sind Begriffe, die sich, wie Ralf Dahrendorf einmal bemerkt, nicht so ohne weiteres erschließen. Er hat dieses Diktum dahingehend kommentiert, daß es sich um Tugenden handelt, «und zwar um jene zu Unrecht verlästerten ‹Sekundärtugenden› der Selbstdisziplin, der Unbestechlichkeit, der Ehrlichkeit, der Treue»[263].

Sie selbst gibt für ihre Stichworte Beispiele aus der Geschichte Preußens. Der aufgeklärte Absolutismus Friedrichs des Großen stehe für Toleranz aus Vernunft und die Staatsräson. *Ideologien spielen keine Rolle. Daß nach der Entvölkerung durch den Dreißigjährigen Krieg der Große Kurfürst die Tore seines Landes weit öffnete und alles aufnahm, was anderwärts bedrängt und vertrieben wurde – Sektenangehörige aus den Niederlanden, Juden aus Wien, Hugenotten aus Frankreich –, das entsprach sicherlich auch Zweckmäßigkeitserwägungen; aber es war mehr. Denn diese Ten-*

denz blieb und charakterisierte auch das ganze nächste, das 18. Jahrhundert. [...] Wenn man sich aber das Umfeld vergegenwärtigt, [...] die religiöse und nationale Unduldsamkeit, die in den anderen europäischen Ländern herrschte, dann wird deutlich, daß in Preußen Toleranz wirklich ein Wert an sich war.[264]

Als Beispiel für die *Loyalität ohne Willfährigkeit* erzählt Marion Dönhoff die Geschichte des Obristen Friedrich Adolph von der Marwitz, der als Repressalie für die mutwillige Zerstörung der Antikensammlung im Schloß Charlottenburg durch sächsische Soldaten 1760 auf Befehl Friedrichs das sächsische Jagdschloß Hubertusburg ausräumen und das wertvolle Inventar zu sich nach Hause schaffen sollte. Marwitz weigerte sich und antwortete dem König auf eine entsprechende Frage: «Weil sich dies allenfalls für Offiziere eines Freibataillons

Vor dem Lehndorffschen Schloß Steinort mit dem Autor der vorliegenden Monographie, 1995

schicken würde, nicht aber für den Kommandeur Eurer Majestät gens d'armes.» Marwitz, im Siebenjährigen Krieg mit dem Pour le mérite ausgezeichnet, ließ auf seinen Grabstein im märkischen Friedersdorf die Worte setzen: «Sah Friedrichs Heldenzeit und kämpfte mit ihm in allen seinen Kriegen; wählte Ungnade, wo Gehorsam nicht Ehre brachte.»[265]

Marion Dönhoff zitiert diese Geschichte oft, um den Geist des alten Preußen zu charakterisieren. Preußen – denn Preußen, so wie sie es sieht, ist nicht erst durch den Beschluß Nr. 46 des Alliierten Kontrollrates vom 25. Februar 1947 untergegangen, sondern bereits am 18. Januar 1871 in Versailles, als der preußische König Wilhelm I. zum deutschen Kaiser gekrönt wurde. Raffgier und Materialismus breiten sich nach dem gewonnenen Krieg gegen die Franzosen aus. Marion Dönhoff zitiert ihren Großvater, der sich über den «Fortschrittsschwindel» ärgerte und über Leute, die ihren Besitz nicht mehr treuhänderisch begriffen, sondern mit ihm umgingen wie mit einer Handelsware.[266] Der Goldrausch der Gründerjahre sei über die Menschen gekommen. *Damals trat das Geld an die Stelle von Pflicht und Ehre und wurde zum Maßstab aller Dinge.*[267] Das Deutsche Reich unter Wilhelm II. entwickelt mehr und mehr einen wirtschaftlichen und militärischen Ehrgeiz, der nichts mehr mit dem wahren Preußen zu tun hatte. *Ja, das alte Preußen war nun wirklich tot: Alles wurde immer größer, immer mächtiger und immer prächtiger, aber das geistige Preußen siechte dahin: Immanuel Kant und auch die Reformer vom Anfang des Jahrhunderts hätten kein großes Interesse mehr gefunden.*[268]

> Das einzige, was ich in meinem Leben als eine wesentliche Tat ansehe, ist die Wiederbeschaffung des Kant-Denkmals für Königsberg.
> Marion Dönhoff

In einer Antwort auf Gerd Bucerius, der in einem Beitrag Adenauer gegenüber Marion Dönhoff verteidigt hatte, schreibt sie: *Von der protzsüchtigen Monarchie über die chaotischen Weimarer Jahre und die verbrecherische Nazizeit bis in unsere zweite Republik – hat es nur einen moralischen Lichtblick gegeben, den 20. Juli 1944. Darum bin ich stolz darauf, Preußin zu sein.*[269]

Wie ihr Großvater sich über die Maßlosigkeit der Gründerzeit-Gesellschaft Sorgen macht, sorgt sich hundert Jahre später seine Enkelin über die egozentrische und egoistische Haltung in ihrem Land. *[...] typisch für unsere Gesellschaft ist das ungebremste Streben nach immer neuem Fortschritt, [...]. Alles muß immer größer werden, von allem muß es immer mehr geben, mehr Freiheit, Wachstum, Profit ...*[270] Dies wird zu ihrem großen

Enthüllung des Kant-Denkmals in Kaliningrad (ehemals Königsberg), 1992

Thema der neunziger Jahre. In Aufsätzen, Vorträgen, in Büchern und besonders intensiv bei Gesprächsrunden mit jungen Menschen, mit Schülern und Studenten, variiert sie die Frage: Wie kommt es, daß heute alles Interesse auf das Wirtschaftliche fixiert ist und das Geistige, Kulturelle, Humane, das doch das Wesen Europas ausgemacht hat, an den Rand gedrängt wird? Sie beobachtet einen grundlegenden Wertewandel in der Industriegesellschaft. Tugenden wie Pflichterfüllung, Übernahme von Verantwortung, Gemeinsinn üben verlieren ihren Stellenwert gegenüber einer individualistischen Orientierung auf Eigennutz, Selbstverwirklichung und hedonistischem Materialismus. Sie ist davon überzeugt, daß das Fehlen von ethischen Normen und moralischen Barrieren Ursache für das große Maß an Gewalt und Brutalität ist, das den Alltag in Deutschland charakterisiert. *Jede Gesellschaft braucht Bindungen, ohne Spielregeln, ohne Tradition, ohne einen ethischen Minimalkonsens, der den Verhaltensnormen zugrunde liegt, wird unser Gemeinwesen eines Tages so zusammenbrechen wie vor kurzem das sozialistische System,* schreibt Marion Dönhoff in dem Vorwort ihrer Aufsatzsammlung *Zivilisiert den Kapitalismus*, die über viele Wochen auf der Bestsellerliste steht. [271]

Im Herbst 1992 ergreift sie die Initiative und formuliert mit sieben anderen Persönlichkeiten ein Manifest: «Weil das Land sich ändern muß». An dem Manifest beteiligen sich Meinhard Miegel, Wilhelm Nölling, Edzard Reuter, Helmut Schmidt, Richard Schröder, Wolfgang Thierse und Ernst Ulrich von Weizsäcker. In ihrem Beitrag zu diesem Manifest kritisiert sie die Konzeptionslosigkeit der politischen Klasse, die nach der Wiedervereinigung Deutschlands nicht in der Lage sei, die vielfältigen Probleme des Landes – von der Arbeitslosigkeit bis zur Staatsverschuldung – anzupacken. *Vieles hängt von uns, den Bürgern ab*, formuliert Marion Dönhoff. *Wir alle müssen uns ändern. Ein Wandel der Maßstäbe ist notwendig. [...] Das Gemeinwohl muß wieder an die erste Stelle rücken. [...] Wir haben es satt, in einer Raffgesellschaft zu leben, in der Korruption nicht mehr die Ausnahme ist und in der sich allzu vieles nur ums Geldverdienen dreht. Es gibt Wichtigeres im Leben des einzelnen wie auch im Leben der Nation.* [272]

Marion Dönhoff beläßt es nicht beim Schreiben. Sie praktiziert ohne Aufwand und Aufsehen Gemeinsinn im kleinen und im Rahmen ihrer finanziellen Möglichkeiten. Vor zwölf Jahren rief sie den Verein «Marhoff» ins Leben, der es Strafgefangenen ermöglicht, nach ihrer Entlassung in einer Wohnung unterzukommen, wo sie betreut werden und wo versucht wird, sie wieder in die Gesellschaft einzugliedern. Die Wohnung und der dort tätige Sozialarbeiter werden von ihr finanziert. Viele Jahre saß sie – daher ihr Interesse – im Beirat der Hamburger Haftanstalt Fuhlsbüttel, was der eine oder andere Insasse ihr mit einem kleinen Blumenstrauß gedankt hat.

Im September 1993 initiiert sie ein zweites Manifest: «Weil das Land Versöhnung braucht». Autoren des Manifests Nr. II sind Peter Bender, Friedrich Dieckmann, Adam Michnik, Friedrich Schorlemmer, Richard Schröder und Uwe Wesel. Diesmal ist das Thema der schwierige Umgang mit der Vergangenheit der DDR. Nicht mit Abrechnung oder Rache, sondern nur mit Aussöhnung werden die Deutschen die Zukunft gewinnen – so

Vier Chefredakteure der «Zeit»: Marion Dönhoff mit Roger de Weck, Theo Sommer und Robert Leicht, 1997 (v. li. n. re.)

lautet das Resümee dieses zweiten Aufrufs. Auch hier gibt der Beitrag von Marion Dönhoff den Ton an: Selbstverständlich müssen Kriminelle bestraft und die Führungseliten ausgewechselt werden, aber letztlich müsse das Ziel sein, *nicht individuell Belastete zu ermitteln, sondern kollektive Einsichten zu vermitteln. [...] Der Effekt müßte im großen etwa dem eines Seminars entsprechen, das Maßstäbe für politisch-moralisches Verhalten zu setzen versucht.*[273]

Ob Marion Dönhoff die Initiative ergreift, mit jenen Manifesten auf die Öffentlichkeit einzuwirken, oder ob sie in der deutschen Gesellschaft für Auswärtige Politik, im Board des

Aspen-Instituts in den Vereinigten Staaten oder als Mitglied des Goethe-Instituts agiert – ihre Rolle erschöpft sich nie darin, Journalistin zu sein. Sie fühlt sich verantwortlich für die Res publica, die öffentliche Angelegenheit. Dabei setzt sie die Standards hoch an und kennt keine Scheu.

Im Oktober 1995 schreibt sie an verschiedene Persönlichkeiten in Deutschland und fordert sie auf, mitzumachen, eine traditionsreiche Institution wiederzubeleben – die «Berliner Mittwochsgesellschaft». Vor über hundert Jahren, im Januar 1863, versammelte sich in Berlin ein Kreis von sechzehn hervorragenden Gelehrten und hohen Beamten, die sich gegenseitig informieren wollten über die Grundlagen und Entwicklung des technisch-wissenschaftlichen Zeitalters. Sie kamen fortan zweimal im Monat zusammen, jeweils in der Wohnung eines der Mitglieder. Der Gastgeber hielt einen Vortrag aus seinem Gebiet, über den dann die Runde diskutierte. Zum Schluß gehörten der Mittwochsgesellschaft unter anderem an: Werner Heisenberg, Paul Fechter, General Ludwig Beck, Ferdinand Sauerbruch, Hermann Oncken, Johannes Popitz, Eduard Spranger und Botschafter Ulrich von Hassell. Als nach dem 20. Juli 1944 vier Mitglieder des Kreises hingerichtet wurden, löste er sich auf.[274] In ihrem Brief schreibt Marion Dönhoff:

[...] die Problematik, vor der wir stehen: frustrierte Politiker, verdrossene Bürger, die klassischen Parteien, die an Ansehen verlieren, immer weniger Leute, die zur Wahl gehen ... läßt einen an jene Mittwochsgesellschaft denken, die ja nicht aus ideologisch Gleichgesinnten

Marion Dönhoff, schreibend, 1996

bestand, bei der es sich vielmehr um eine Gruppe handelte, die durch ethische Überzeugung und ihre Auffassung von Recht und Gerechtigkeit verbunden war.[275]

Der Einladung von Marion Dönhoff mögen sich die meisten der Angeschriebenen nicht entziehen. 133 Jahre nach der ersten Sitzung versammeln sich im Berliner Büro Richard von Weizsäckers, der fortan als eine Art Schutzpatron wirkt, im Januar 1996 sechzehn Frauen und Männer: neben Marion Dönhoff sind es Egon Bahr, Günter de Bruyn, Friedrich Dieckmann, Dieter Grimm, Volker Hassemer, Reinhard Höppner, Wolf Lepenies, Ernst Joachim Mestmäcker, Edzard Reuter, Dieter Simon, Helmut Schmidt, Wolfgang Thierse, Giuseppe Vita, Antje Vollmer und Richard von Weizsäcker. Der Kreis trifft sich sechsmal im Jahr. Seine Themen sind unter anderem: die ethische Krise der Marktwirtschaft, Moral und Gerechtigkeit, Menschenrechte.[276]

Ob der neuen Mittwochsgesellschaft ein ebenso langes Leben beschieden sein wird wie der alten, wird zunehmend von ihren Mitgliedern abhängen. Noch ist Marion Dönhoff der Spiritus rector dieses Kreises; sie verhandelt mit dem Verlag über die Veröffentlichung der Gesprächsprotokolle und hadert, wenn dieser aus Werbegründen ihren Namen in großen Lettern hervorheben will.

ANMERKUNGEN

1 Marion Gräfin Dönhoff: Kindheit in Ostpreußen. Berlin 1988, S. 7 f.
2 Diese Darstellung von August Heinrich Dönhoff folgt dem Kapitel Stets blieb etwas vom Geist des Ordens in Marion Gräfin Dönhoffs Buch: Namen, die keiner mehr nennt. Düsseldorf 1962, S. 176 f. Die Notiz schickte sie dem Autor.
3 Zitiert nach Kindheit, S. 10
4 Kindheit, S. 11 f.
5 Siegfried Lenz: Laudatio auf Marion Dönhoff, anläßlich der Verleihung des Hermann-Sinsheim-Preises. Freinsheim in der Pfalz, März 1999. Manuskript, Dönhoff-Archiv
6 Marion Gräfin Dönhoff: «Um der Ehre willen». Berlin 1994, S. 140 f.
7 Kindheit, S. 211 f.
8 Alice Schwarzer: Marion Dönhoff. Ein widerständiges Leben. Köln 1996, S. 57
9 Namen, S. 82 f.
10 Ehre, S. 140 f.
11 Kindheit, S. 216
12 Ebd., S. 214 f.
13 Ebd., S. 217 f.
14 Schwarzer, S. 89
15 Kindheit, S. 189
16 Ebd., S. 189 f.
17 Ebd., S. 192
18 Ebd., S. 102
19 Ebd., S. 97
20 Namen, S. 47 f.
21 Ebd., S. 52
22 Hans Jonas in einem Brief an Marion Dönhoff vom 18. September 1988, Dönhoff-Archiv
23 Kindheit, S. 111 f.
24 Ebd., S. 210 f.
25 Marion Gräfin Dönhoff: Menschen, die wissen, worum es geht. Hamburg 1976, S. 33 f.
26 Ebd., S. 184

27 Ebd., S. 183 f.
28 Ehre, S. 186
29 «Die Zeit», 30. November 1984
30 Ebd.
31 «Die Zeit», 15. Juli 1994
32 Schwarzer, S. 135
33 Ebd.
34 Die Hassell-Tagebücher 1939–1944. Berlin 1988, S. 335
35 Kurt Finker: Graf Moltke und der Kreisauer Kreis. Berlin 1993, S. 50
36 Ehre, S. 188 f.
37 Schwarzer, S. 131
38 Marion Gräfin Dönhoff: In Memoriam. Den Freunden zum Gedächtnis. Die Niederschrift wurde in die Schriftenreihe der Forschungsgemeinschaft des 20. Juli übernommen. Berlin 1980
39 Karl-Heinz Janßen: Die Zeit in der ZEIT: 50 Jahre einer Wochenzeitung. Hamburg 1996, S. 65
40 Memoriam, S. 7
41 «Die Zeit», 21. Juli 1995
42 Ehre, S. 47
43 Menschen, S. 32 f.
44 Ebd., S. 36
45 «Die Zeit», 15. Juli 1994
46 Ebd., 19. Juli 1996
47 Magazin der «Frankfurter Allgemeinen Zeitung», 10. April 1981
48 Ehre, S. 191
49 Namen, S. 44
50 Ebd., S. 73 f.
51 Ebd., S. 26
52 Ebd., S. 33
53 Ebd., S. 32
54 Ebd., S. 7 f.
55 Ebd., S. 39
56 In einem Gespräch zwischen Theo Sommer, Gerd Bucerius und Marion Dönhoff vom November 1984 erzählt sie: *Es gab einen Zusammenhang zwischen dem Fuchs und meinem Reiseziel. Ich sagte mir nämlich: Jetzt hast du nur noch den Fuchs, und den liebst du sehr. Du mußt ir-*

gendwohin, wo er überleben kann. Von allen meinen Freunden im Westen hatten nur die Metternichs ein Gestüt, und dieses Gestüt Vinsebeck war mein Ziel. Gesprächsprotokoll, Dönhoff-Archiv

57 Marion Gräfin Dönhoff: Polen und Deutsche. Die schwierige Versöhnung. Frankfurt a. M. 1991, S. 11. Im Text ist von 600 Jahren die Rede, doch die korrekte Zahl ist 700. Die Dönhoffs zogen um 1230 vom Dunehof in Westfalen gen Osten.

58 Kindheit, S. 221

59 Schwarzer, S. 160

60 Gespräch mit dem Autor

61 Schwarzer, S. 161

62 «Die Zeit», 30. November 1984

63 Gesprächsprotokoll, Dönhoff-Archiv

64 Janßen, S. 10

65 Ebd., S. 9

66 Ebd., S. 35

67 Claus Grossner u. a. (Hg.): Das 198. Jahrzehnt. Eine Team-Prognose für 1970–1980. Hamburg 1969, S. 560

68 Personalakte «Zeit»-Verlag

69 «Die Zeit», 23. Februar 1996

70 Ebd., 21. Februar 1946

71 Ebd., 23. Februar 1946, und Gesprächsprotokoll vom 25. Januar 1996, Dönhoff-Archiv

72 «Die Zeit», 21. März 1946

73 Janßen, S. 36

74 Namen, S. 7 f.

75 «Die Zeit», 21. März 1946

76 Ebd., 23. Februar 1996

77 198. Jahrzehnt, S. 559

78 «Die Zeit», 29. November 1946

79 Janßen, S. 38

80 Claus Jacobi: Fremde, Freunde, Feinde. Berlin 1991, S. 46

81 Janßen, S. 40

82 Gesprächsprotokoll vom 25. Januar 1996, Dönhoff-Archiv

83 «Die Zeit», 23. Februar 1996

84 Ebd., 15. August 1946

85 Janßen, S. 48

86 Michael Thomas: Deutschland, England über alles. Rückkehr als Besatzungsoffizier. Berlin 1984, S. 235

87 Ebd., S. 249

88 Ebd., S. 251

89 Ebd., S. 252

90 Ebd.

91 Richard von Weizsäcker: Vier Zeiten. Erinnerungen. Berlin 1997, S. 113 f.

92 Janßen, S. 53

93 «Die Zeit», 29. Dezember 1949

94 Ebd.

95 Ebd., 8. Dezember 1949

96 Marion Gräfin Dönhoff: Von Gestern nach Übermorgen. Zur Geschichte der Bundesrepublik Deutschland. Hamburg 1981, S. 39

97 «Die Zeit», 19. Februar 1953

98 Ebd.

99 Ebd., 27. Oktober 1949

100 Von Gestern, S. 41

101 Nach Janßen, S. 101

102 Claus Jacobi, S. 153

103 «Die Zeit», 30. November 1984

104 Ebd.

105 Nach Janßen, S. 108

106 Janßen, S. 108

107 «Die Zeit», 4. Dezember 1952

108 Janßen, S 109

109 «Die Zeit», 29. Juli 1954

110 Abschrift des Briefes im Dönhoff-Archiv

111 Janßen, S. 109

112 Schiedsspruch vom 8. März 1957, S. 66, Archiv «Zeit»-Stiftung

113 «Die Zeit», 8. Dezember 1972

114 Ebd.

115 Janßen, S. 114

116 «Die Zeit», 30. November 1979

117 Ebd.

118 Janßen, S. 117 und Protokoll eines Gesprächs mit T. Eschenburg

vom 18. August 1994, Privatarchiv
Janßen

119 «Die Zeit», 30. November 1984
120 Ebd.
121 Gesprächsprotokoll vom
25. Januar 1996, Dönhoff-Archiv
122 Ebd.
123 Ebd.
124 Ebd.
125 Ebd.
126 «Die Zeit», 30. November 1984
127 Ebd.
128 Gesprächsprotokoll vom
25. Januar 1996, Dönhoff-Archiv
129 Ebd.
130 Schwarzer, S. 223
131 Gesprächsprotokoll vom
25. Januar 1996, Dönhoff-Archiv
132 Ebd.
133 Ebd.
134 «Die Zeit». 19. August 1994
135 Ebd., 30. November 1979
136 Helmut Schmidt: Laudatio auf
Marion Dönhoff. Herdecke,
28. August 1993, Dönhoff-Archiv
137 Marion Gräfin Dönhoff: Die
Bundesrepublik in der Ära Adenauer. rowohlts deutsche enzyklopädie. Hamburg 1963, S. 10
138 «Die Zeit», 30. November 1984
139 Schwarzer, S. 232
140 enzyklopädie, S. 14
141 Thomas, S. 263
142 «Die Zeit», 7. Dezember 1950
143 Ebd., 21. März 1986
144 enzyklopädie, S. 204 f.
145 «Die Zeit», 12. Juni 1953
146 Ebd., 25. Juni 1953
147 Arnulf Baring: Es lebe die Republik, es lebe Deutschland! Stuttgart
1999, S. 334
148 «Die Zeit», 25. Juni 1953
149 Ebd.
150 Ebd., 15. September 1955
151 Ebd., 22. September 1955
152 Hans Ulrich Kempski: Um die
Macht, Sternstunden und sonstige

Abenteuer mit den Bonner Bundes-
kanzlern 1949 bis 1989. Berlin
1999, S. 35 f.

153 Gestern, S. 100
154 Ebd., S. 126
155 «Die Zeit», 29. September
1956
156 Ebd., 10. März 1961
157 Ebd., 19. September 1957
158 Ebd., 10. April 1959
159 Ebd., 12. Juni 1959
160 Ebd., 4. August 1961
161 Zitiert in Gestern, S. 123
162 «Die Zeit», 4. August 1961
163 Karl Jaspers: Brief vom 28. September 1961, Dönhoff-Archiv
164 «Die Zeit», 18. August 1961
165 Gestern, S. 127 f.
166 «Die Zeit», 16. November 1962
167 Ebd., 1. Februar 1963
168 enzyklopädie, S. 115
169 «Zeit»-Punkte, Nr. 1/99, S. 27
170 Gespräch mit dem Autor
171 Marion Gräfin Dönhoff:
Deutschland Deine Kanzler. Die
Geschichte der Bundesrepublik
vom Grundgesetz zum Einigungsvertrag. Taschenbuchausgabe
München 1981, S. 140
172 Theo Sommer in «Die Zeit»,
2. Dezember 1966
173 Ebd., 27. August 1965
174 Ebd., 18. November 1966
175 Ebd., 26. September 1969
176 Alfred Grosser: Laudatio anläßlich der Verleihung des Friedenspreises an Marion Dönhoff, Börsen-
verein des Deutschen Buchhandels.
Frankfurt a. M. 1971, S. 24.
177 Marion Gräfin Dönhoff. Rudolf
Walter Leonhardt, Theo Sommer:
Reise in ein fernes Land. Hamburg
1964, S. 136
178 Janßen, S. 305
179 Deutschland Deine Kanzler.
Neuauflage München 1999,
S. 318 f.

180 Ebd., S. 319
181 Manuskript, Dönhoff-Archiv
182 «Die Zeit», 3. Mai 1991
183 Ebd., 2. Juni 1995
184 Schwarzer, S. 234
185 Ebd., S. 235
186 Adam Krzeminski: Ein Schatten Preußens in uns selbst. «Nowe Ksiazki», Nr. 3/1991. Deutsche Übersetzung im Dönhoff-Archiv
187 «Die Zeit», 21. September 1962
188 Ebd., 17. April 1959
189 Ebd., 4. September 1964
190 Brief vom 6. November 1965 an Professor Ludwig Raiser, Dönhoff-Archiv
191 «Die Zeit», 4. Januar 1963
192 «Nowe Ksiazki», Nr. 3/1991
193 Ebd.
194 «Die Zeit», 28. November 1969
195 Ebd., 20. November 1970
196 Gestern, S. 221f.
197 Ebd., S. 230
198 Ebd., S. 233
199 Gespräch mit dem Autor
200 Gestern, S. 209
201 Ebd.
202 «Nowe Ksiazki», Nr. 3/1991
203 «Die Zeit», 18. Dezember 1981
204 Ebd., 22. Januar 1982
205 Ebd.
206 Ebd., 12. Februar 1982
207 Ebd., 26. März 1982
208 Ebd., 28. Oktober 1983
209 «Nowe Ksiazki», Nr. 3/1991
210 Nach Adam Krzeminski in «Nowe Ksiazki», Nr. 3/1991
211 «Die Zeit», 26. März 1982
212 Ebd., 2. April 1982
213 Ebd., 5. Mai 1989
214 Ebd., 9. November 1990
215 «Nowe Ksiazki», Nr. 3/1991
216 Marion Gräfin Dönhoff: Ansprachen anläßlich der Verleihung des Friedenspreises. Frankfurt a. M. 1971, S. 12
217 Ebd., S. 21

218 Manuskript, Dönhoff-Archiv
219 Olgierd Budrewicz: «La Comtesse Rouge» in «Perspektywy» Nr. 13, 1985, S. 10f., übersetzt von Wolfgang Pailer, Manuskript Dönhoff-Archiv
220 «Die Zeit», 30. November 1979
221 Ebd., 30. November 1984
222 «Berliner Morgenpost», 17. Mai 1998
223 Marion Gräfin Dönhoff: Der Effendi wünscht zu beten. Reisen in die vergangene Fremde. Berlin 1998, S. 108f.
224 Ebd., S. 94
225 Ebd., S. 191
226 Theodor Hanf: Eine laudatio africana für Marion Dönhoff. Manuskript S. 2f. Dönhoff-Archiv
227 Marion Gräfin Dönhoff: Der südafrikanische Teufelskreis. Reportagen und Analysen aus drei Jahrzehnten. Stuttgart 1987, S. 28
228 Ebd., S. 82
229 Ebd., S. 213
230 Ebd., S. 222
231 Ebd., S. 230
232 Ebd., S. 251
233 «Die Zeit», 24. Januar 1992
234 Ebd., 22. Oktober 1993
235 Ebd., 6. Mai 1994
236 Ebd., 29. Oktober 1998
237 Marion Gräfin Dönhoff: Gestalten unserer Zeit. Politische Porträts. Stuttgart 1990, S. 141
238 Ebd., S. 8
239 Ebd., S. 209f.
240 Ebd., S. 233f.
241 Ebd., S. 29f.
242 George F. Kennan: Impressionen eines Lebens. Düsseldorf 1990, S. 216
243 Gestalten, S. 164
244 Ebd., S. 265
245 Ebd., S. 271
246 Ebd., S. 109f.
247 Ebd., S. 71f.

248 «Die Zeit», 30. November 1984

249 Ebd.

250 Ebd., 7. Oktober 1983

251 Richard v. Weizsäcker: Reden und Interviews (6), herausgegeben vom Presse- und Informationsamt der Bundesregierung. Bonn 1990, S. 131

252 «Die Zeit», 30. November 1984

253 Ebd., 2. März 1962

254 Ebd.

255 Ebd., 30. November 1984

256 Ebd., 1. Juni 1979

257 Ebd., 30. November 1984

258 Hermann Rudolph (Hg.): Den Staat denken. Theodor Eschenburg zum Fünfundachtzigsten. Berlin 1990, S. 99

259 Menschen, S. 158

260 Weizsäcker-Reden, S. 133

261 Der Vortrag ist abgedruckt in «Berliner Lektionen». Berlin 1988, S. 10 f. und in Marion Dönhoff: Preußen. Maß und Maßlosigkeit. Berlin 1987

262 Maß, S. 27

263 «Die Zeit», 1. Dezember 1989

264 Maß, S. 27 f.

265 Ebd., S. 45 f.

266 Ebd., S. 9

267 Ebd., S. 77

268 Ebd., S. 10

269 «Die Zeit», 11. April 1986

270 Marion Gräfin Dönhoff: Zivilisiert den Kapitalismus. Grenzen der Freiheit. Stuttgart 1997, S. 14

271 Ebd., S. 13

272 Ein Manifest. Weil das Land sich ändern muß. Reinbek 1992, S. 16 f.

273 Manifest II: Weil das Land Versöhnung braucht. Reinbek 1993, S. 12 f.

274 Nach Klaus Scholder: Die Mittwochsgesellschaft, Berlin 1982

275 Brief vom 20. Oktober 1995, Dönhoff-Archiv

276 Die neue Mittwochsgesellschaft. Band 1 und 2. Stuttgart 1998, 1999

ZEITTAFEL

1909 2. Dezember: Marion Gräfin Dönhoff in Friedrichstein bei Königsberg/Ostpreußen geboren
1924 Sturz mit dem Auto in den Fluß Pregel
1925 Besuch eines Lyzeums in Potsdam
1926 Überwechslung auf ein Gymnasium für Jungen
1928 Abitur in Potsdam
1929 Besuch einer Haushaltsschule in Samadan bei St. Moritz; anschließend Rundreise durch die USA
1930 Längerer Aufenthalt bei ihrem Bruder Christoph in Südafrika
1931 Studium der Volkswirtschaft in Frankfurt am Main
1933 Fortsetzung des Studiums in Basel (Schweiz) bei dem Ökonomen Edgar Salin
1935 Promotion zum Dr. rer. pol.
1936 Einarbeitung in die Verwaltung der Dönhoffschen Familiengüter Friedrichstein und Quittainen
1941 Ritt durch Masuren mit ihrer Cousine Sissi Lehndorff
1945 Flucht aus Ostpreußen auf dem Fuchs Alarich, Ankunft in Westfalen
1946 Eintritt in die Redaktion der «Zeit»
1950 Verantwortlich für das politische Ressort
1954 Aufenthalt beim «Observer» in London nach politischen Auseinandersetzungen mit dem Chefredakteur der «Zeit», Richard Tüngel

1955 Rückkehr zur «Zeit», erneut verantwortlich für das politische Ressort
1968 Chefredakteurin der «Zeit»
1970 Einladung von Willy Brandt, ihn anläßlich der Unterzeichnung des Deutsch-Polnischen Vertrags nach Warschau zu begleiten; schließlich nimmt sie die Einladung nicht an
1973 Herausgeberin der «Zeit»
1992 Enthüllung des Kant-Denkmals in Kaliningrad (ehemals Königsberg), das sie gestiftet hat

Preise

Theodor-Heuss-Preis 1966
Friedenspreis des Deutschen Buchhandels 1971
Erasmus-Preis 1979
Ehrensenatorin der Universität Hamburg 1982
Wolfgang-Döring-Medaille 1984
Goldplakette der Gewerkschaft der Polizei 1985
Preis der Louise-Weiss-Stiftung 1985
Heinrich-Heine-Preis 1988
Goldene Säule 1992
Kulturpreis der Stadt Herdecke 1993
Brücke-Preis 1993
Ehrentitel «Professorin» in Hamburg 1994
Roosevelt-Freiheitspreis 1994
Reinhold-Maier-Medaille 1995
Erich-Kästner-Preis 1996
Pax-Baltica-Preis 1998
Hermann-Sinsheimer-Preis 1999
Europa-Preis 1999
Dehio-Preis 1999
Schiller-Preis 1999
Ehrenbürgerin der Stadt Hamburg 1999

ZEUGNISSE

Richard von Weizsäcker

Wäre ich ein preußischer Dichter, ich würde vor meinen Zeitgenossen nicht verborgen halten, daß die alten Preußen zufrieden vom Himmel herunterblicken können, weil sie unter uns fortleben in einer würdigen und wahren Frau, in Marion Dönhoff, der Preußin unseres Jahrhunderts.

Ansprache bei einem Abendessen in der Villa Hammerschmidt, Bonn, 4. Dezember 1989

Siegfried Lenz

Es verwundert mich nicht, daß ihre Sorge um das Gemeinwesen sich bei vielen Gelegenheiten Ausdruck verschaffte. Was eine Gesellschaft an Bindungen braucht, an Gemeinsinn, sagen wir ruhig: an Werten, sie hat es uns deutlich genug zu verstehen gegeben. Da sie die Existenz einer liberalen Gesellschaft bedroht sieht durch rücksichtsloses Gewinnstreben und blinden Konsum, erinnert sie unermüdlich an ethische Grundsätze, an Solidarität, an faire Spielregeln.

Laudatio anläßlich der Verleihung des Hermann-Sinsheimer-Preises

Helmut Schmidt

Marion Dönhoff wäre eine bedeutende Bundespräsidentin geworden, hätte ihr Lebensweg sie in dieses Amt geführt. Aber auch ohne Ämter und Titel gehört sie in die Reihe von Theodor Heuss und Gustav Heinemann und Richard von Weizsäcker. Sie alle haben für uns Deutsche mit persönlicher Autorität die Moral in der Politik vorgelebt. So auch Marion Dönhoff. Ihr Adel [...] hat sich nicht aus ihrer Herkunft ergeben, sondern aus ihrem Willen und ihrer Haltung.

Laudatio anläßlich der Verleihung der Plakette der Freien Akademie der Künste in Hamburg, 10. Dezember 1990

Valentin Falin

Die zarte Frau wirft einen Abschiedsblick auf die eigene Gegenwart vom Rücken des Pferdes aus, das sie in ein unbekanntes Morgen trägt, in die Stunde Null. Was hat sie gedacht, was empfunden auf diesem Weg? Wir kennen nur die Schlußfolgerung: Was war, ist gewesen, es gilt, das Leben, wie es auch sei, neu zu gewinnen. Nur auserwählten Charakteren ist es vergönnt, ein derartiges Vermächtnis zu bewältigen.

«Politische Erinnerungen», 1993

Werner Holzer

In ihrer Disziplin der eigenen Person gegenüber, in ihrer selbstbewußten Bescheidenheit und mit ihrer Leidenschaft für Gerechtigkeit und menschliche Würde ist sie eben doch auch das Produkt jener langen Vergangenheit ihrer Familie und einer preußischen Welt, die nichts mit arrogantem ostelbischen Junkertum gemeinsam hatte.

«Frankfurter Rundschau», Dezember 1989

Adam Krzeminski

Für sie wurde der Ritt von Friedrichstein nach Westfalen, das Zurücklassen von allem und der Anblick der sich Schritt für Schritt dahinschleppenden Flüchtlinge nicht zu einem Lebensthema, einem neurotischen Alptraum, der es nicht zuläßt, aus dem Teufelskreis von Schmerz und Haß auszubrechen.

«Nowe Ksiazki», März 1991

Golo Mann

Ihrer Herkunft, ihrem innersten Fühlen nach ist Gräfin Dönhoff eine Konservative. Man kann aber einer großen Tradition treu sein, kann durch das Früheste geprägt bleiben und dennoch zeitgemäß denken, dennoch sich tapfer auf dem laufenden einer sich furchtbar schnell verwandelnden Umwelt halten und so zum guten Berater der Nation werden.
Anläßlich der Verleihung des Theodor-Heuss-Preises, Stuttgart 1966

Henry Kissinger

Nach der jüdischen Legende läßt Gott die Menschheit trotz ihrer vielen Sünden am Leben, weil es zu jeder Zeit zehn gerechte Menschen gibt, die nicht selber den Anspruch erheben, gerecht zu sein. Solch ein Mensch ist Marion Dönhoff.

Claus Heinrich Meyer

Ihre Unerschrockenheit, die rare Verbindung von Reflexion, Tatkraft und Un-Eitelkeit – das vermeintlich anachronistische Menschenkind Marion Gräfin Dönhoff ist genau der nötige Gegen-Entwurf zur künftigen, ewig betroffenen Fernsehsesselwelt.
«Süddeutsche Zeitung», 1994

Roderich Reifenrath

Marion Dönhoff ist gelungen, was Journalisten nur selten gelingt: in der Öffentlichkeit gleichgewichtet unter dem Baldachin der Prominenz zu stehen, ohne fragwürdige Kompromisse zu schließen oder gar die eigene Profession zu verraten.
«Frankfurter Rundschau», 1994

David Astor

Journalism would be a much poorer profession without her distinguished contributions.
1969

Eric M. Warburg

Marion Dönhoff vertritt nur die Unabhängigkeit ihrer eigenen Meinung. Sie tut dies, indem sie ihren Standpunkt ständig von neuem überprüft. Und was ist ihr Standpunkt? Die Antwort hierauf hat der konservative englische Premierminister Disraeli schon vor einem Jahrhundert gegeben, als er von sich sagte: «I am a conservative if the things are right, and I am a radical if things are wrong.»
1969

Heinrich Böll

Die rote Gräfin hat ihr Rouge mit Gelassenheit und Würde, auch mit einer Kaltblütigkeit getragen, um die ich sie beneidet habe. Und: Sie hat durchgehalten. Manchmal hätte ich gewünscht, sie wäre Außenministerin geworden.
1984

Mieczysław Rakowski

Marion Dönhoff hat sich einen festen Platz auf der Liste jener Deutschen erobert, die die Versöhnung mit dem polnischen Volk als eines der wichtigsten Ziele ihres Lebens betrachten.
1984

Hildegard Hamm-Brücher

Marion Dönhoff denkt, schreibt und handelt stets politisch und menschlich zugleich, sie ist Deutsche und Weltbürgerin, eine mutige Streiterin und doch stets um Verständigung bemüht.
1984

Klaus von Bismarck

Ermutigend war und ist für mich, daß es im Zeitalter der Massenkommunikation einer einzelnen Persönlichkeit möglich ist, sich aus der großen Zahl der Publizisten herauszulösen und die Aufmerksamkeit auf sich zu ziehen.

1969

Hermann Rudolph

Marion Gräfin Dönhoff war immer der Zeit auf der Spur, ihren Entwicklungen und Wendemarken, und es war ihr Ehrgeiz, der Zeit mit ihren Artikeln auf die Sprünge zu helfen.

1996

Alice Schwarzer

Was wären wir ohne sie? Hätten wir in diesem Nachkriegsdeutschland der 50er, 60er Jahre diesen unerhörten Gedanken, Journalistin werden zu wollen, eigentlich wagen können ohne diesen einen Namen, ohne diese eine Frau in den ersten Rängen des Journalismus?

«Emma», 1987

Lord Dahrendorf

Tapfer und unbeirrt hat Marion Gräfin Dönhoff eine deutsche Möglichkeit des Lebens und des Zusammenlebens vertreten. Ihre Integrität ist erholsam in schwammiger Zeit, ihre pathosfreie Klarheit erfrischend, ihre Lebenskraft ermutigend.

1989

Michael Butler

Wir alle brauchen die klare Vision und die geistige Liberalität, die die entscheidenden Merkmale des Lebens und der Arbeit von Marion Dönhoff sind.

Laudatio anläßlich der Verleihung der Ehrendoktorwürde in Birmingham, 1999

Paul Flora

Auf die Titelseite der ZEIT bin ich gekommen wie der Pontius ins Credo. Ich hatte gewiß nie die Absicht, als Polit-Karikaturist zu reüssieren, aber da mich Marion Dönhoff im Jahre 1957 aus Innsbruck nach Hamburg einlud, diese Dame mich auf das höchste beeindruckte, mich Älpler auch vor der Reeperbahn warnte, war es um mich geschehen, und ich bin ihr vierzehn Jahre lang mitarbeitend treu geblieben. Wir haben uns eigentlich wortlos verstanden, und ich denke nicht, daß wir jemals länger über das politische Metier geredet haben. Unser Verhältnis war rein postalischer Natur, da ich höchstens einmal im Jahr nach Hamburg kam und in all diesen Jahren nie eine Anregung oder Anweisung für meine Beiträge bekam, die alle montags pünktlich in der Redaktion eintrafen, in jenen fernen Zeiten, als die deutsche Post noch funktionierte.
Da ich als politischer Cartoonist eigentlich ein Amateur war, nicht auf Dauer als solcher angesehen werden wollte, meine Ziele auf anderen Gebieten lagen, habe ich dann meine Mitarbeit für die ZEIT beendet, nicht ohne Unbehagen der Gräfin gegenüber und nicht ohne Wehmut, diese schönen vierzehn Jahre beenden zu müssen. Ich denke, die Gräfin ist ein Jahrhundertereignis, und über ihre ungewöhlichen menschlichen, fachlichen und intellektuellen Eigenschaften könnte ich noch lange ins Schwärmen geraten.

1999

BIBLIOGRAPHIE

1. Buchveröffentlichungen von Marion Dönhoff

In Memoriam. 20. Juli 1944. Den Freunden zum Gedächtnis. Hamburg 1945 (Privatdruck)
Namen, die keiner mehr nennt. Ostpreußen – Menschen und Geschichte. Düsseldorf 1962
Die Bundesrepublik in der Ära Adenauer. Kritik und Perspektiven. Hamburg 1963 (rowohlts deutsche enzyklopädie)
Reise in ein fernes Land. Bericht über Kultur, Wirtschaft und Politik in der DDR. Hamburg 1964 (Mitautorin)
Deutsche Außenpolitik von Adenauer bis Brandt. 25 Jahre miterlebt und kommentiert. Hamburg 1970
Menschen, die wissen, worum es geht. Politische Schicksale 1916–1976. Hamburg 1976
Von Gestern nach Übermorgen. Zur Geschichte der Bundesrepublik. München 1981
Deutschland Deine Kanzler. Die Geschichte der Bundesrepublik vom Grundgesetz zum Einigungsvertrag. München 1981 und ergänzte Neuauflage 1999
Amerikanische Wechselbäder. Beobachtungen und Kommentare aus vier Jahrzehnten. Stuttgart 1983
Weit ist der Weg nach Osten. Berichte und Betrachtungen aus fünf Jahrzehnten. Stuttgart 1985
Preußen – Maß und Maßlosigkeit. Berlin 1987
Der südafrikanische Teufelskreis. Reportagen und Analysen aus drei Jahrzehnten. Stuttgart 1987
Kindheit in Ostpreußen. Berlin 1988
Bilder die langsam verblassen. Ostpreußische Erinnerungen. Mit Fotos von Wladimir Federenko. Berlin 1989
Gestalten unserer Zeit. Politische Portraits. Stuttgart 1990
Polen und Deutsche. Die schwierige Versöhnung. Betrachtungen aus drei Jahrzehnten. Frankfurt a. M. 1991
Ritt durch Masuren. Mit Photos von Dietrich Weldt. Leer 1992
Weil das Land sich ändern muß. Manifest I. Reinbek 1992 (Mitautorin)
Weil das Land Versöhnung braucht. Manifest II. Reinbek 1993 (Mitautorin)
Um der Ehre willen. Erinnerungen an die Freunde vom 20. Juli. Berlin 1994
Zivilisiert den Kapitalismus. Grenzen der Freiheit. Stuttgart 1997
Der Effendi wünscht zu beten. Reisen in die vergangene Fremde. Berlin 1998
Die neue Mittwochsgesellschaft (Hg.): *Gespräche über Probleme von Bürger und Staat.* Stuttgart 1998
Menschenrecht und Bürgersinn (Hg.): *Die neue Mittwochsgesellschaft Bd. 2.* Stuttgart 1999

2. Sekundärliteratur

Ansprachen anläßlich der Verleihung des Friedenspreises. Frankfurt a. M. 1971
Schwarzer, Alice: Marion Dönhoff. Ein widerständiges Leben. Köln 1996
Janßen, Karl-Heinz: Die Zeit in der ZEIT. 50 Jahre einer Wochenzeitung. Hamburg 1996

Namenregister

Acheson, Dean 100
Adenauer, Konrad 55, 76 f., 81 ff.,
86–89, 101, 129, *83*, *90*
Anne, Prinzessin von Großbritan-
nien und Irland 68
Armstrong, Tony 68
Arndt, Adolf 64
Astor, David 67
Augstein, Rudolf 87 ff., 124, *87*, *92*
Auguste Viktoria, deutsche Kaiserin
10, *13*

Bahr, Egon 92, 96, 124, 134
Baring, Arnulf 79
Beck, Ludwig 133
Becker, Hellmut 123
Bender, Peter 131
Bielecki, Jan K. 107
Bismarck, Klaus von 123
Bismarck, Otto Eduard Leopold Graf
von 40
Bismarck, Sibylle Gräfin von 40
Blumenfeld, Erik 51
Bodt, Jean de 9
Bölling, Klaus 111
Bonhoeffer, Dietrich 37
Bourguiba, Habib 113
Brandt, Willy 91 f., 95 f., 100 ff., 124,
102
Bruyn, Günter de 134
Bucerius, Gerd 29, 45 f., 51, 57, 63,
67 ff., 87, 124, 129, *68*
Budrewicz, Olgierd 109
Burckhardt, Carl J. 32
Bussche, Axel von dem 30 f., 56

Canaris, Wilhelm 37
Carstens, Karl 124
Chruschtschow, Nikita
Sergejewitsch 82
Churchill, Winston 36
Coudenhove, Franz 18

Dadischew, Wjatscheslaw 99

Dahrendorf, Ralf 124, 127
Dalai-Lama (Geburtsname: Tenzin
Gyatso) 117
Dedecius, Karl 106
Dieckmann, Friedrich 131, 134
Dietzsch, Arthur 58
Dohna-Schlobitten, Alexander
Fürst zu 39
Dohna Tolksdorf, Heinrich Graf
31, 34, 36
Dohnanyi, Hans von 37
Dombrowski, Frank 94
Dönhoff, Alexandra Gräfin (Nichte)
43
Dönhoff, August Graf (Vater)
8, 10–14, *10*
Dönhoff, August Friedrich Philipp
Graf (Urgroßvater) 11
Dönhoff, August Heinrich Hermann
Graf (Großvater) 8, 10 ff., 20, 107,
129
Dönhoff, Christoph Graf (Bruder)
19, *17*
Dönhoff, Dietrich Graf (Bruder)
16 ff., 23, 43
Dönhoff, Friedrich 9
Dönhoff, Heinrich Graf (Bruder)
9, 20 ff., 26, 28 f., *14*, *17*
Dönhoff, Ritter Hermanus 8
Dönhoff, Ria Gräfin (Mutter) 10, 13 f.,
43, *13*
Dönhoff, Otto Magnus Graf 9
Dönhoff, Yvonne Gräfin (Schwester)
43, 96
Dostojewski, Fjodor Michailowitsch
16

Erhard, Ludwig 84, 89 f., *90*
Eschenburg, Theodor 69, 124

Falin, Valentin 106, 120
Falkenhausen, Alexander von 57
Fechter, Paul 133
Frank, Leonhard 16
Fredericia, Walter 62, 64
Freisler, Roland 35
Friedlaender, Ernst 50, 56, 62 f.

Friedrich I., König in Preußen 9
Friedrich II., der Große, König von
    Preußen 9, 127 f.
Friedrich, Otto A. 123
Friedrich Wilhelm, Kurfürst von
    Brandenburg 9, 127

Gaulle, Charles de 88 f., 97
Geremek, Bronislaw 105
Görtz, Eberhard Graf von 43
Goethe, Johann Wolfgang von 8
Gorbatschow, Michail 93, 106
Grass, Günter 101 f., *92*
Grassi, Ernesto 75
Gresmann, Hans 69
Grimm, Dieter 134
Grohé, Josef 57
Grosser, Alfred 91, 107

Hamsun, Knut 16
Hanf, Theodor 114
Hardenberg, Carl-Hans Graf von 34
Hassell, Ulrich von 30 f., 133
Hassemer, Volker 134
Hatzfeldt, Hermann Graf (Neffe)
    26, 99
Havemann, Robert 119
Heisenberg, Werner 133
Hentig, Hartmut von 26, 123
Hentig, Otto von 12
Heuss, Theodor 84
Hitler, Adolf 16, 20, 26–31, 35 f., 44,
    46, 51, 56 f., 62, 64, 66, 90
Hölderlin, Friedrich 112
Hollaender, Felix 54
Hollaender, Ulrich s. u. Thomas,
    Michael
Höppner, Reinhard 134
Humboldt, Alexander von 8, 12
Humboldt, Wilhelm von 8, 12

Jacobi, Claus 51
Jahr, John 52
Janßen, Karl-Heinz 45, 51, 57, 62, 91
Jaruzelski, Wojciech 105 f.
Jaspers, Karl 85 f.
Jonas, Hans 23

Kadow, Karl 13
Kanitz, Huberta (Cousine) 18
Kant, Immanuel 36, 129, *130*
Kempski, Hans Ulrich 81
Kennan, George F. 26, 75, 117 f., 125,
    118
Kennedy, John F. 85, 115
Kiesinger, Kurt Georg 91, 100
Kisielewski, Stefan 105
Kissinger, Henry 69, 106, 121 f., *121*
Kissinger, Nancy 122
Klasen, Karl 123
Kleist, Heinrich von 36
Klerk, Frederik Willem de 115 f.
Koch, Erich 31, 33, 38
Kogon, Eugen *92*
Kohl, Helmut 92 f., 106
Kopelew, Lew 106, 119, *119*
Körber, Kurt A. *92*
Krzeminski, Adam 96, 99, 102, 104,
    106 f., *98*
Kuenheim, Haug von *71, 128*
Kunst, Hermann 123

Lehndorff, Heinrich (Cousin)
    12, 16 f., 26, 30, 36
Lehndorff, Manfred (Onkel) 16
Lehndorff, Sissi (Cousine) 16 f., 23,
    43, 94, *22*
Leicht, Robert *132/133*
Lenz, Siegfried 13, 23, 101 f.
Leonhardt, Rudolf Walter 91
Lepenies, Wolf 134
Liberman, Alexander 26, 37
Lorck, Carl E. L. von 9
Lorenz, Lovis H. 45 f.
Lubin, Mochtar 117
Lübke, Heinrich 84

Mandela, Nelson 115 f., *115*
Mann, Golo 110
Mann, Thomas 16
Martini, Winfried 63
Marwitz, Adolph von der 128
May, Karl 112
Mazowiecki, Tadeusz 105 f.
Mestmäcker, Ernst Joachim 134

Metzler, von (Familie) 20
Michnik, Adam 105 f., 131
Miegel, Meinhard 131
Moltke, Helmut 30, 36
Müller-Marein, Josef 45, 50, 69, 117
Münchmeyer, Alwin 123

Nannen, Henri 101
Nehru, Jawaharlal 113
N'Krumah, Kwame 113
Nölling, Wilhelm 131

Oncken, Hermann 133
Oster, Hans 37
Otto, Walter F. 43

Passent, Daniel 98
Petwaidic, Walter s. u. Fredericia, Walter
Picht, Georg 123
Plettenberg, Kurt 26
Popitz, Johannes 133

Raiser, Ludwig 97, 123
Rauch, Christian Daniel 8
Reagan, Ronald 103 f.
Reiter, Janusz 98
Reuter, Edzard 131, 134
Ribbentrop, Joachim von 66
Rilke, Rainer Maria 16
Ruscheweyh, Herbert 67

Sacharow, Andrej 106, 119
Sadat, Mohammed Anwar el- 120
Salin, Edgar 28
Salomon, Ernst von 58
Samhaber, Ernst 45, 50, 52
Sauerbruch, Ferdinand 133
Schadow, Johann Gottfried 8
Scheel, Walter 124
Schiller, Karl 123
Schmid, Carlo 84
Schmidt, Helmut 29 f., 75, 101, 106, 123, 125 f., 131, 134, *125*
Schmidt, Paul 66
Schmidt di Simoni, Ewald 45

Schmitt, Carl 64, 66, *65*
Scholochow, Michail Aleksandro-witsch 118
Schorlemmer, Friedrich 131
Schröder, Richard 131
Schulenburg, Fritz-Dietlof Graf von der («Fritzi») 26, 31, 34, 36
Schwarzer, Alice 15, 73 f., 76, 96, 121
Schwerin, Gerhard Graf von 77
Schwerin von Schwanenfeld, Ulrich Wilhelm Graf 36
Selassi, Haile 117
Serczyk, Jerzy 103
Siedler, Wolf Jobst 111
Simon, Dieter 134
Sinha, Satyanarayan 117
Sommer, Theo 29, 67, 69, 75, 86, 89, 91, 110, *71*, *92*, *132/133*
Spranger, Eduard 133
Staden, Berndt von 110
Stalin, Jossif Wissarionowitsch 77, 79, 117 f.
Stauffenberg, Claus S. Graf von Schenk von 30 f.
Stelly, Gisela *92*
Stern, Fritz 120 f., *121*
Stichnote, Werner E. 107
Stödter, Rolf 123
Surminski, Arno 23
Suzman, Helen 116
Szewczuk, Mirko 57

Thierse, Wolfgang 131, 134
Thomas, Michael 54 f., 77, *55*
Tocqueville, Alexis de 75
Tolstoi, Lew (Leo) Nikolajewitsch Graf 16
Tresckow, Henning von 30
Trott zu Solz, Adam von 26, 31
Tüngel, Richard 44 f., 48, 50 ff., 55 ff., 62–67, *53*
Tutu, Desmond 114
Tycner, Janusc 99

Uexküll, Nux 26

Vita, Giuseppe 134
Vollmer, Antje 134

Wałesa, Lech 105 f., *105*
Weck, Roger de *132/133*
Weizsäcker, Ernst Ulrich von 56, 131
Weizsäcker, Carl Friedrich von 123 f.
Weizsäcker, Richard von 29, 56, 122,
   127, 134, *125*
Wesel, Uwe 131
Wilhelm I., deutscher Kaiser 129

Wilhelm II., deutscher Kaiser 129
Winsclawski, Wlodziemierz 108
Wolf, Christa 119
Würfel, Shri 112

Yorck von Wartenburg, Marion
   Gräfin 36
Yorck von Wartenburg, Peter Graf
   26, 30 f., 36

Zehrer, Hans 90

ÜBER DEN AUTOR

Haug von Kuenheim, Jahrgang 1934, stammt aus Ostpreußen. Nach dem Abitur in Berlin studierte er Rechtswissenschaften und legte in Saarbrücken das Referendarexamen ab. 1961/62 volontierte er beim «Tagesspiegel» in Berlin und kam 1963 als Redakteur zur «Zeit» nach Hamburg. Er übernahm hier 1971 die Leitung des Ressorts «Modernes Leben» und wurde stellvertretender Chefredakteur des Blattes. Nach einem Zwischenspiel in Köln, wo er 1988/89 Chefredakteur des «Kölner Stadt-Anzeigers» war, verantwortete er das «Zeit-Magazin». Seit Juli 1999 ist er Mitherausgeber der «Zeit-Punkte».

QUELLENNACHWEIS DER ABBILDUNGEN

© Klaus Kallabis, Hamburg: Umschlagvorderseite, Umschlagrückseite unten, 7, 98, 102, 121, 132/133

Privatbesitz Marion Dönhoff: Umschlagrückseite oben, 3, 10, 12, 13, 14, 15, 17, 19, 21, 22, 29 (Foto: Tim Seidel), 32, 37, 41, 53, 71, 92, 95, 108, 111, 113, 118, 125, 128, 130

© Dietrich Weldt, Glücksburg: 24

Institut für Zeitungsforschung, Dortmund: 27

Deutsche Presse-Agentur, Bildarchiv, Hamburg: 35, 68, 87, 90, 105, 115

Landesmedienzentrum, Hamburg: 45

Die Zeit, Hamburg: 49

argus, Hamburg: 55 (Foto: Peter Frischmuth)

Archiv für Kunst und Geschichte, Berlin: 59, 83

Ullstein Bilderdienst, Berlin: 65, 80

© Rosemarie Clausen, Hamburg: 72

Stern, Hamburg: 73 (Foto: Peter Thormann)

Süddeutscher Verlag, Bilderdienst, München: 78

© Mike Minehan, Berlin: 119

Visum, Hamburg: 134 (Foto: Jo Röttger)

50 Jahre Bundesrepublik Deutschland

Klaus Harpprecht
«... und nun ists die!» *Von deutscher Republik*
(rororo sachbuch 60762)
Klaus Harpprecht zieht eine kritische Bilanz: Was wurde erreicht in den vergangenen fünfzig Jahren?

Barbara Hoffmeister / Uwe Naumann (Hg.)
Was die Republik bewegte
Fünfzig Zeitgenossen erinnern sich
(rororo sachbuch 60746)
Zum 50. Geburtstag der Bundesrepublik Deutschland haben 50 prominente Zeitgenossen sich jeweils ein Foto aus der jüngsten Geschichte ausgewählt und es kommentiert. Auf diese Weise ist eine subjektive Chronik der Republik entstanden – mit oft überraschenden Impressionen und Erinnerungen.

Deutsches historisches Museum u. a. (Hg.)
Einigkeit und Recht und Freiheit
Wege der Deutschen 1949 – 1999
(rororo sachbuch 60815)
Dieses Buch ist ein Begleitband zu der Ausstellung anläßlich des 50. Geburtstages der Bundesrepublik Deutschland, die von Mai bis Oktober 1999 im Berliner Martin-Gropius-Bau stattfindet und zugleich ein kompakter Führer durch die Geschichte der Republik.

John Dos Passos
Das Land des Fragebogens
1945: Reportagen aus dem besiegten Deutschland
(rororo sachbuch 60600)

Hartwig Bögeholz
Wendepunkte – die Chronik der Republik *Der Weg der Deutschen in Ost und West*
(rororo sachbuch 60761)
Diese Chronik versammelt, was man über Politik, Gesellschaft und Kultur von 1945 bis 1999 wissen sollte – als nützliches Nachschlagewerk ebenso wie als Einladung zum Schmökern.

Wolfram Bickerich
Die D-Mark *Eine Biographie*
(rororo sachbuch 60770)
Wolfram Bickerich erzählt die wechselvolle Geschichte einer Gelddynastie, deren letzter und erfolgreichster Sproß die D-Mark war: Symbol des Wirtschaftswunders, Inbegriff von Stabilität. Ein Erinnerungsbuch für alle, die von der D-Mark geprägt wurden.

Ein Gesamtverzeichnis aller lieferbaren Titel der *Rowohlt Verlage* finden Sie in der *Rowohlt Revue*. Vierteljährlich neu. Kostenlos in Ihrer Buchhandlung.
Rowohlt im Internet:
www.rowohlt.de

rororo sachbuch

Lebensgeschichten

In loser Folge erscheint eine Reihe ganz besonderer Biographien bei rororo: Lebensgeschichten aus dem Alltag, in denen sich das Zeitgeschehen auf eindrucksvolle Weise widerspiegelt.

Helen Colijn
Paradise Road *Eine Geschichte vom Überleben*
(rororo 22146)

Friedrich Dönhoff /
Jasper Barenberg
Ich war bestimmt kein Held *Die Lebensgeschichte von Tönnies Hellmann, Hafenarbeiter in Hamburg Mit einer Einleitung von Marion Gräfin Dönhoff*
(rororo 22245)
Seit Jahren korrespondieren Gräfin Dönhoff und Tönnies Hellmann miteinander. Denn so kraß der Klassenunterschied zwischen ihnen, so verbindend ist die Erfahrung des Widerstands gegen den Nationalsozialismus. Hellmann war Kommunist, Mitglied der Bästlein-Gruppe, wurde von der Gestapo verfolgt, war als Kriegsgefangener in Sibirien.

Anne Dorn
Geschichten aus tausendundzwei Jahren *Erinnerungen*
(rororo 13963)

Jean Egen
Die Linden von Lautenbach *Eine deutsch-französische Lebensgeschichte*
(rororo 15767)

Melissa Green
Glasherz *Eine Kindheit*
(rororo 22362)

rororo Biographien

Eva Jantzen /
Merith Niehuss (Hg.)
Das Klassenbuch *Geschichte einer Frauengeneration*
(rororo 13967)
Fünfzehn Frauen aus Erfurt führten seit ihrem Abitur im Jahre 1932 ein Tagebuch, in das reihum jede von ihnen Erlebnisse und Gedanken über ihr Leben schrieb. Dieses «Klassenbuch» führt aus zeitgenössischer Perspektive durch die Kriegs- und die Nachkriegszeit des geteilten Deutschlands bis ins Jahr 1976 und schildert die sehr privaten, aber gleichzeitig auch typischen Frauenschicksale.

Tracy Thompson
Die Bestie *Überwindung einer Depression*
(rororo 22396)

Ein Gesamtverzeichnis aller bereits lieferbaren Titel dieser Reihe finden Sie in der *Rowohlt Revue*. Vierteljährlich neu. Kostenlos in Ihrer Buchhandlung.

Rowohlt im Internet:
http://www.rowohlt.de

Geschichte / Politik

rowohlts monographien
Begründet von Kurt Kusenberg, herausgegeben von Wolfgang Müller und Uwe Naumann.

Eine Auswahl:

Konrad Adenauer
dargestellt von
Gösta von Uexküll
(50234)

Kemal Atatürk
dargestellt von Bernd Rill
(50346)

Augustus
dargestellt von
Marion Giebel
(50327)

Willy Brandt
dargestellt von Carola Stern
(50232)

Fidel Castro
dargestellt von
Volker Skierka
(50623)

Heinrich VIII.
dargestellt von
Uwe Baumann
(50446)

Adolf Hitler
dargestellt von
Harald Steffahn
(50316)

Thomas Jefferson
dargestellt von
Peter Nicolaisen
(50405)

Karl der Große
dargestellt von
Wolfgang Braunfels
(50187)

Nelson Mandela
dargestellt von
Albrecht Hagemann
(50580)

Mao Tse-tung
dargestellt von
Tilemann Grimm
(50141)

Franklin Delano Roosevelt
dargestellt von Alan Posener
(50589)

Helmut Schmidt
dargestellt von Harald
Steffahn
(50444)

Claus Schenk Graf von Stauffenberg
dargestellt von
Harald Steffahn
(50520)

rowohlts monographien

Ein Gesamtverzeichnis der Reihe *rowohlts monographien* finden Sie in der *Rowohlt Revue.* Vierteljährlich neu. Kostenlos in Ihrer Buchhandlung.
Rowohlt im Internet:
www.rowohlt.de

Literatur

rowohlts monographien
Begründet von Kurt Kusenberg, herausgegeben von Wolfgang Müller und Uwe Naumann.

Alfred Andersch
dargestellt von
Bernhard Jendricke
(50395)

Lou Andreas-Salomé
dargestellt von Linde Salber
(50463)

Bettine von Arnim
dargestellt von
Prof. Helmut Hirsch
(50369)

Jane Austen
dargestellt von
Wolfgang Martynkewicz
(50528)

Ingeborg Bachmann
dargestellt von Hans Höller
(50545)

Simone de Beauvoir
dargestellt von
Christiane Zehl Romero
(50260)

Wolfgang Borchert
dargestellt von
Peter Rühmkorf
(50058)

Albert Camus
dargestellt von
Brigitte Sändig
(50544)

Paul Celan
dargestellt von Prof. Dr.
Wolfgang Emmerich
(50397)

Raymond Chandler
dargestellt von
Thomas Degering
(50377)

Theodor Fontane
dargestellt von
Helmuth Nürnberger
(50145)

Ernest Hemingway
dargestellt von
Hans-Peter Rodenberg
(50626)

Henrik Ibsen
dargestellt von
Gerd E. Rieger
(50295)

James Joyce
dargestellt von Jean Paris
(50040)

Ein Gesamtverzeichnis der Reihe *rowohlts monographien* finden Sie in der *Rowohlt Revue*. Vierteljährlich neu. Kostenlos in Ihrer Buchhandlung.
Rowohlt im Internet:
www.rowohlt.de

rowohlts monographien

Kunst

rowohlts monographien
Begründet von Kurt Kusenberg, herausgegeben von Wolfgang Müller und Uwe Naumann.

Max Beckmann
dargestellt von
Stephan Reimertz
(50558)

Hieronymus Bosch
dargestellt von
Heinrich Goertz
(50237)

Paul Cézanne
dargestellt von
Kurt Leonhard
(50114)

Lucas Cranach d.Ä.
dargestellt von
Berthold Hinz
(50457)

Vincent van Gogh
dargestellt von
Herbert Frank
(50239)

Francisco de Goya
dargestellt von Jutta Held
(50284)

Wassily Kandinsky
dargestellt von
Peter A. Riedl
(50313)

Le Corbusier
dargestellt von Norbert Huse
(50248)

Leonardo da Vinci
dargestellt von
Kenneth Clark
(50153)

Kasimir Malewitsch
dargestellt von
Hans-Peter Riese
(50465)

Michelangelo
dargestellt von
Heinrich Koch
(50124)

Rembrandt
dargestellt von
Christian Tümpel
(50251)

Henri de Toulouse-Lautrec
dargestellt von
Matthias Arnold
(50306)

Andy Warhol
dargestellt von Stefana Sabin
(50485)

Ein Gesamtverzeichnis der Reihe *rowohlts monographien* finden Sie in der *Rowohlt Revue*. Vierteljährlich neu. Kostenlos in Ihrer Buchhandlung.
Rowohlt im Internet:
www.rowohlt.de

4502/7